人件費の
決め方・
運用の仕方

荻原 勝 著
Masaru Ogihara

経営書院

はじめに

　給与・賞与および福利厚生費などの人件費は、会社の諸経費の中で相当の割合を占めています。したがって、経営の健全性・安定性を維持するためには、人件費を合理的に決めるとともに、それを計画的・組織的に管理する必要があります。

　人件費の決め方が適切でないと、人件費の総額が増大すると同時に、社員の勤労意欲と定着に好ましくない影響を与えます。また、人件費の管理・運用が適切でないと、コスト高となり、経営の健全性・安定性が失われます。

　本書は、
　・給与、賞与、福利厚生費などの人件費をどのように決めたらよいか
　・人件費の管理・運用はどのように行うべきか
を、実務に即して具体的に解説したものです。人件費の費目区分に従って、本書は、次の12章構成としました。

　第1章　給与の決め方と給与費の管理方法
　第2章　時間外勤務手当費の決め方と管理方法
　第3章　賞与の決め方と賞与費の管理方法
　第4章　福利厚生費の決め方と管理方法
　第5章　出張旅費の決め方と管理方法
　第6章　転勤旅費の決め方と管理方法
　第7章　教育研修費の決め方と管理方法
　第8章　安全衛生費の決め方と管理方法
　第9章　退職金の決め方と退職金費の管理方法
　第10章　募集・採用費の決め方と管理方法
　第11章　非正社員の給与の決め方と給与費の管理方法
　第12章　総人件費の管理方法

人件費管理の実務において役に立ててもらうため、「様式」を多数紹介するとともに、「規程」を随所に掲載しました。

　経営環境が厳しさを増す中で、人件費の合理的・計画的な取り扱いの必要性が高まっています。本書が人件費管理の業務において役に立つことを願っています。

　最後に、本書の出版に当たっては、経営書院の皆さんに大変お世話になりました。ここに記して、厚く御礼申し上げます。

荻原　勝

『人件費の決め方・運用の仕方』

目次

はじめに

第1章　給与の決め方と給与費の管理方法 … 1
1　基本給の決め方 … 1
　(1)　3つの決定方式 … 1
　(2)　総合給方式 … 1
　(3)　単一給方式 … 3
　(4)　併存給方式 … 15
2　手当の決め方 … 16
　(1)　手当の種類 … 16
　(2)　基本給と手当との割合 … 17
　(3)　主な手当の決め方 … 18
3　昇給の決め方 … 25
　(1)　昇給と人事考課 … 25
　(2)　人事考課の対象と昇給率 … 25
4　初任給の決め方 … 28
　(1)　新卒者の初任給 … 28
　(2)　中途採用者の給与の決め方 … 29
5　年俸制 … 32
　(1)　年俸制の適用対象者 … 32
　(2)　年俸の決め方 … 32
　(3)　年俸制のメリットと問題点 … 34

6	給与費の管理と予算制度	36
(1)	給与費の管理と経営	36
(2)	給与費予算制度の実施手順	37
(参考)	給与費管理規程	49

第2章 時間外勤務手当費の決め方と管理方法 … 56

1	時間外勤務手当の計算方法	56
(1)	時間外勤務と手当	56
(2)	時間外勤務手当の計算式	56
(3)	住宅手当の取扱い	57
(4)	役職者の取扱い	58
2	時間外勤務手当費の管理と予算制度	59
(1)	増加する時間外勤務手当費	59
(2)	時間外勤務手当費予算制度の実施手順	59
(参考)	時間外勤務手当費管理規程	68

第3章 賞与の決め方と賞与費の管理方法 … 76

1	個人別支給額の決め方	76
(1)	主な賞与算定式	76
(2)	主な算定式の解説	77
(3)	基礎給の取扱い	83
2	賞与の取扱い方	85
(1)	賞与の算定期間	85
(2)	賞与の支給総額	85
(3)	賞与の支給対象者	87
(4)	業績不振時の賞与の取扱い	88
3	業績連動型賞与制度	90

(1) 業績連動型賞与制度の趣旨………………………………… 90
　(2) 業績指標（準拠指標）……………………………………… 91
　(3) 業績の算定期間と支給時期………………………………… 93
　(4) 最低保障の設定……………………………………………… 93
　4　賞与費の管理と予算制度……………………………………… 95
　（参考）賞与費管理規程………………………………………… 97

第4章　福利厚生費の決め方と管理方法…………………… 101
　1　法定福利厚生費の管理………………………………………… 101
　(1) 福利厚生の種類……………………………………………… 101
　(2) 法定福利厚生費の管理と予算制度………………………… 102
　2　法定外福利厚生の決め方と管理方法………………………… 105
　(1) 法定外福利厚生の種類……………………………………… 105
　(2) 法定外福利厚生費の管理のポイント……………………… 105
　(3) 利用基準・支給基準の明確化……………………………… 107
　(4) 新設・変更と経費見込みの算定…………………………… 108
　(5) 法定外福利厚生費の管理と予算制度……………………… 109
　（参考１）法定福利厚生費管理規程…………………………… 111
　（参考２）法定外福利厚生費管理規程………………………… 116

第5章　出張旅費の決め方と管理方法……………………… 121
　1　国内出張旅費の決め方………………………………………… 121
　(1) 出張の基準…………………………………………………… 121
　(2) 出張旅費の決め方…………………………………………… 122
　(3) 出張旅費の削減策…………………………………………… 124
　2　海外出張旅費の決め方………………………………………… 126
　(1) 海外出張旅費の種類………………………………………… 126

(2)　海外出張旅費の決め方……………………………………… 126
　3　出張旅費の管理方法…………………………………………… 130
　　(1)　出張旅費の管理と予算制度………………………………… 130
　　(2)　予算制度の実施手順………………………………………… 130
　　(参考)　出張旅費管理規程 …………………………………… 133

第6章　転勤旅費の決め方と管理方法……………………… 139
　1　転勤旅費の決め方……………………………………………… 139
　　(1)　人事異動の種類……………………………………………… 139
　　(2)　転勤の種類と効果…………………………………………… 139
　　(3)　転勤旅費の種類……………………………………………… 140
　　(4)　転勤旅費の決め方…………………………………………… 141
　2　転勤旅費の管理と予算制度…………………………………… 144
　　(参考)　転勤旅費管理規程 …………………………………… 146

第7章　教育研修費の決め方と管理方法…………………… 148
　1　教育研修の種類と方法………………………………………… 148
　2　教育研修費とその管理方法…………………………………… 150
　　(1)　教育研修費の種類…………………………………………… 150
　　(2)　年度の教育研修計画と予算制度…………………………… 150
　　(参考)　教育研修費管理規程 ………………………………… 153

第8章　安全衛生費の決め方と管理方法…………………… 156
　1　安全衛生と安全衛生費………………………………………… 156
　　(1)　会社の安全衛生責任………………………………………… 156
　　(2)　安全衛生対策の実施………………………………………… 157
　　(3)　安全衛生費の種類…………………………………………… 157

2　安全衛生費の管理と予算制度……………………………………　159
　（参考）安全衛生費管理規程 ……………………………………　161

第9章　退職金の決め方と退職金費の管理方法…………………　164
1　退職金の決め方………………………………………………………　164
　(1)　基礎給×支給率方式………………………………………………　164
　(2)　別テーブル×支給率方式…………………………………………　167
　(3)　定額方式……………………………………………………………　168
　(4)　ポイント方式………………………………………………………　170
　(5)　各方式の特徴………………………………………………………　173
2　退職金制度の決定事項………………………………………………　175
　(1)　退職金制度の適用対象者…………………………………………　175
　(2)　退職金の支給条件…………………………………………………　175
　(3)　自己都合退職者の取扱い…………………………………………　176
　(4)　功労加算その他……………………………………………………　176
3　退職金費の管理と予算制度…………………………………………　179
　(1)　退職金費予算制度の実施…………………………………………　179
　(2)　退職金費予算制度の実施手順……………………………………　179
　（参考）退職金費管理規程 ……………………………………………　186

第10章　募集・採用費の決め方と管理方法……………………　192
1　新卒者の募集方法……………………………………………………　192
　(1)　就職サイト…………………………………………………………　192
　(2)　採用ホームページ…………………………………………………　193
　(3)　ソーシャル・ネットワーキング・システム（SNS）……　193
　(4)　会社説明会…………………………………………………………　194
　(5)　学内セミナーその他………………………………………………　195

 2　内定者管理の方法……………………………………… 198
  (1)　内定者管理の目的………………………………… 198
  (2)　内定者管理の方法………………………………… 198
 3　新卒者採用費の管理と予算制度……………………… 200
  (1)　採用費の管理と予算制度………………………… 200
  (2)　採用費予算制度の実施手順……………………… 200
 4　中途採用者の採用経費の管理………………………… 210
  (1)　中途採用のメリット……………………………… 210
  (2)　予算管理の実施手順……………………………… 210
  (参考１)　新卒者採用費管理規程 ……………………… 214
  (参考２)　中途採用者採用費管理規程 ………………… 224

第11章　非正社員の給与の決め方と給与費の管理方法 …… 227
 1　給与の決め方…………………………………………… 227
  (1)　給与の形態………………………………………… 227
  (2)　給与の決め方……………………………………… 228
  (3)　時間外・休日勤務手当…………………………… 229
  (4)　昇給………………………………………………… 230
  (5)　賞与………………………………………………… 231
  (6)　退職金……………………………………………… 233
 2　給与費の管理方法と予算制度………………………… 235
  (1)　給与費の管理……………………………………… 235
  (2)　予算管理の実施手順……………………………… 235
 3　派遣社員の活用と派遣料の管理……………………… 241
  (1)　派遣社員活用のメリット………………………… 241
  (2)　派遣料の予算管理………………………………… 241
  (参考１)　非正社員給与費管理規程 …………………… 243

（参考２）派遣費管理規程 ………………………………… 249

第12章　総人件費の管理方法 …………………………… 252
1　経営の健全性・安定性の確保………………………………… 252
　⑴　総人件費と経営…………………………………………… 252
　⑵　総人件費の範囲…………………………………………… 253
2　総人件費の管理と予算制度…………………………………… 254
　⑴　総人件費予算の作成と執行……………………………… 254
　⑵　総人件費予算の月間支出計画…………………………… 257
　⑶　総人件費予算の執行状況のチェックと修正予算……… 259
　⑷　総人件費予算の決算と適正性の評価…………………… 262
　（参考）総人件費管理規程 …………………………………… 266

第1章
給与の決め方と給与費の管理方法

1 基本給の決め方

(1) 3つの決定方式

　毎月支払われる給与は、一般に「所定内給与」または「基準内賃金」といわれる。所定内給与は、人件費の中核を形成するもので、会社にとっては最も重要なコストである。

　所定内給与は、「基本給」と「諸手当」とから構成される。

　会社にとって、基本給をどのように決めるかは、きわめて重要である。決め方には、実務的に、総合給方式、単一給方式および併存給方式の3つがある（図表1－1）。

図表1－1　基本給の決定方式

総合給方式	仕事の内容、仕事をする能力（職務遂行能力）の高さ、年齢、勤続年数などを総合的に評価して決める方式
単一給方式	仕事の内容、職務遂行能力、仕事上の役割、年齢などのうち、いずれか1つの要素を基準として決める方式
併存給方式	仕事の内容、職務遂行能力、仕事上の役割、年齢などの要素のうち、2つ以上の要素を組み合わせて決める方式

(2) **総合給方式**

① 総合給方式とは

　これは、

・仕事の内容
・仕事をする能力（職務遂行能力）の高さ
・仕事上の役割、責任の重さ（職責）
・仕事の成績（達成した仕事の量、日ごろの仕事の正確さ）
・年齢
・学歴
・勤続年数

など、さまざまな要素を総合的・多角的に評価して、一人ひとりの基本給を決めるというものである。

② 総合給方式のメリットと問題点

　給与は、「労働の対価」として支払われるものである。したがって、会社としては、職務遂行能力の高さに応じて給与を決めるのが合理的・論理的である。仕事についての知識が豊富で、技術または技能のレベルが高い者に高い報酬を支払うのが経済的合理性である。しかし、現実には、高い能力を有しているにもかかわらず、能力にふさわしい成果を出せない者がいる。

　また、「仕事上の成果だけを評価して給与を決めるのがよい」という割り切った意見もある。それも1つの合理的な意見であろう。しかし、会社は2人以上の者が協力して仕事をする組織であり、社員相互の連帯感や職場の和が重要である。個人の成績だけを重視すると、相互の連帯意識や協調性が低下し、全体としての生産性に好ましくない影響が出る可能性がある。

　さらに、給与は、「社員の生計費の保障」という性格も持っているから、年齢にも配慮しなければならない。

　総合給方式は、仕事の内容、仕事をする能力（職務遂行能力）の高さ、年齢、勤続年数、最終学歴など、さまざまな要素を総合的に評価

して決めるものである。さまざまな要素を総合給に織り込んで給与を決めることのできる点が総合給方式のメリットである。このため、会社の規模や業種の如何を問わず、広く採用さている。

　ただ、その反面、「社員から見ると、給与の決め方が不透明である」「運用が年功的になりやすい」などの問題点もある（図表１－２）。

図表１－２　総合給方式のメリットと問題点

メリット	問題点
○さまざまな要素を織り込んで給与を決められる。 ○会社側の裁量性が大きい。 ○給与費の総額管理がしやすい。	●社員から見ると、給与の決め方が不透明である。 ●給与が経営者や役職者の判断で恣意的に決められる。個人の判断で大きく左右される。 ●運用が年功的になりやすい。 ●社員の中高年齢化に伴って、給与の支払総額が増加する。

(3)　**単一給方式**

① 　単一給方式とは

　これは、基本給を、次のうちのいずれか１つで決めるというものである。

　・年齢を基準として決める「年齢給」

　・勤続年数を基準として決める「勤続給」

　・職務遂行能力に応じた等級（職能資格等級）を基準として決める「職能給」

　・仕事の種類を基準として決める「職種給」

　・仕事上の役割を基準として決める「役割給」

　・仕事上の成績・成果を基準として決める「業績給」

　・その他

② 年齢給

これらのうち、年齢給は、
・年齢が高くなるに伴って経験が豊かになり、仕事を要領良く迅速に処理できるようになる
・年齢が高くなるに伴って、一般に仕事の責任が重くなる
・年齢が高くなるにつれて、結婚、子の誕生、子の成長・教育等で生計費がかかるようになる

などの事情に配慮したものである。年齢給の例を示すと、図表１－３のとおりである。

仕事の能力や成果・成績には、個人差が認められる。したがって、基本給を年齢だけで決定するのは問題であろう。

図表１－３　年齢給表（例）

年齢	年齢給	年齢	年齢給	年齢	年齢給
18	180,000	25	208,000	32	236,000
19	182,000	26	212,000	33	240,000
20	184,000	27	216,000	34	244,000
21	186,000	28	220,000	35	248,000
22	188,000	29	224,000	36	252,000
23	200,000	30	228,000	37	256,000
24	204,000	31	232,000	以下、略	

③ 職能給

職能給は、職務遂行能力のレベルに着目した給与制度である。能力のレベルに応じて、７～９程度の資格等級を設ける。資格等級の例を示すと、図表１－４のとおりである。

そのうえで、資格等級ごとに給与を決める。給与の決め方には、

・資格等級ごとに単一の給与を決める（シングルレート方式）
・資格等級ごとに、一定の幅で給与を決める（レンジレート方式）
の２つがある。

レンジレート方式の職能給の例を示すと、図表１－５のとおりである。

職能給方式には、
　・職務遂行能力に応じて給与を決められる
　・能力主義人事を構築できる
　・能力の向上に対する社員の動機づけを図れる
　・給与の決め方について、透明性・合理性を確保できる
などのメリットがある。

しかし、その反面、職能給方式には、
・資格等級を合理的・説得的に設定することが難しい
・運用が年功的になりやすい
・社員の中高年化に伴って、上位の資格等級に格付けされる者が増加
　し、結果的に会社の給与負担が増加する。
などの問題点がある。

図表1-4　資格等級基準表（例）

等級	資格等級基準
社員8級	経営方針を踏まえ、高度の見識と豊富な業務経験をもとに、会社の最大組織（部・支店）の責任者として、経営資源（ヒト・モノ・カネ）をよく活用し、所管組織の業務目標を達成していく能力を有している。
社員7級	相当高度の見識と豊富な業務経験をもとに、最大組織（部・支店）の責任者を補佐し、業務目標の達成を支援する能力を有している。
社員6級	最大組織（部・支店）の責任者の包括的な指示に基づき、中規模組織（課・室）の責任者として、経営資源（ヒト・モノ・カネ）をよく活用し、所管組織の業務目標を達成していく能力を有している。
社員5級	中規模組織（課・室）の責任者の包括的な指示に基づき、小規模組織（係・班）の責任者として、経営資源（ヒト・モノ・カネ）をよく活用し、所管組織の業務目標を達成していく能力を有している。
社員4級	業務について幅広い知識または技術を有し、企画力・分析力・折衝等を必要とする非定型的業務を、自己の判断により確実に遂行する能力を有している。
社員3級	業務について相当広い知識または技術を有し、定型的な業務を単独で効率的に遂行するとともに、判断を必要とする一部の非定型的業務も正確に遂行する能力を有している。
社員2級	業務遂行に必要な知識または技術を有し、単独で、あるいは同僚と協力協調して、定型的な業務を効率的に遂行する能力を有している。
社員1級	業務について基礎的な知識または技術を有し、上司の具体的な指示監督を受けて、定型的な業務を正確に遂行する能力を有している。

図表1-5　職能給表（例）

	社員1級	社員2級	社員3級	社員4級	社員5級	社員6級	社員7級	社員8級
号差	800	1,000	1,200	1,400	1,700	2,200	2,900	3,800
1号	160,000	175,000	195,000	225,000	280,000	370,000	480,000	620,000
2号	160,800	176,000	196,200	226,400	281,700	372,200	482,900	623,800
3号	161,600	177,000	197,400	227,800	283,400	374,400	485,800	627,600
4号	162,400	178,000	198,600	229,200	285,100	376,600	488,700	631,400
5号	163,200	179,000	199,800	230,600	286,800	378,800	491,600	635,200
6号	164,000	180,000	201,000	232,000	288,500	381,000	494,500	639,000
7号	164,800	181,000	202,200	233,400	290,200	383,200	497,400	642,800
8号	165,600	182,000	203,400	234,800	291,900	385,400	500,300	646,600
9号	166,400	183,000	204,600	236,200	293,600	387,600	503,200	650,400
10号	167,200	184,000	205,800	237,600	295,300	389,800	506,100	654,200
11号	168,000	185,000	207,000	239,000	297,000	392,000	509,000	658,000
12号	168,800	186,000	208,200	240,400	298,700	394,200	511,900	661,800
13号	169,600	187,000	209,400	241,800	300,400	396,400	514,800	665,600
14号	170,400	188,000	210,600	243,200	302,100	398,600	517,700	669,400
15号	171,200	189,000	211,800	244,600	303,800	400,800	520,600	673,200

（以下、略）

④　職種給

　会社では、さまざまな種類の仕事が行われている。

　例えば、メーカーでは、生産、検査、包装、資材購買、営業、物流、研究開発、事務、管理などの仕事が行われている。

　小売業では、仕入れ、陳列、販売、宣伝、事務、管理などの仕事が行われている。

　仕事によって、果すべき役割・任務が異なる。責任の程度や範囲にも差異がある。要求される能力や知識や技術・技能の内容も異なる。さらに、作業環境も異なる。

　仕事の種類（職種）ごとに、その仕事の責任の重さ、遂行の困難さ、要求される能力の内容などに応じて給与を決定する方式を「職種給」という。

社内でどのような仕事が行われているかを整理した上で、その仕事（職種）の内容と性格に応じて給与を決定する。

　職種の区分例を示すと、図表1－6のとおりである。また、職種給の設定例を示すと、図表1－7のとおりである。

　職種給方式は、
- ・仕事の難易度、責任の程度を給与に反映できる
- ・給与を一定の幅で設定することにより、能力の伸長度も給与に反映できる
- ・給与コストが無制限に増大することに歯止めを掛けることができる

などの特徴や性格を持っている。このため、企業における給与制度としてきわめて合理的・説得的である。

　しかし、その反面、
- ・職種間の給与格差をどのように設定するかが容易ではない（格差を大きくすると、社内の一体感・連帯感が形成されにくくなる）
- ・職種ごとの給与の上限設定が難しい
- ・職種間の人事異動が困難となる可能性がある

などの問題点がある。

図表１－６　職種区分（例）

職種	担当業務
技能職	生産作業、検査作業、商品等の入庫・出庫作業、機械設備の保守・点検、工場構内の清掃・美化、建築物の管理
事務職	人事、社会保険、福利厚生、経理、財務、税務、総務、株式、秘書等の一般事務
営業職	取引先に対する営業、販売契約の締結、納品管理、集金、アフターサービス、クレーム対応
企画職	人事制度、給与・退職金制度、経理システム、財務システム、営業、情報システム、経営等の企画
技術職	商品、生産システム、検査システム、品質管理等の技術開発、基礎研究、応用研究
監督職	班長（生産作業その他現業部門の取りまとめ、技能職の労務管理等）
係長職	係長（係の統括業務）
課長職	課長、室長（課または室の統括業務）
部長職	部長、工場長、支店長（部、工場、支店の統括業務）
専門職	高度の知識・技術または豊富な経験を必要とする業務

図表1－7　職種給表（例）

	技能職	事務職	営業職	企画職	技術職	監督職	係長職	課長職	部長職	専門職
号差	750	750	900	900	900	1,000	1,100	1,300	1,500	1,300
1号	155,000	155,000	190,000	190,000	190,000	195,000	240,000	300,000	380,000	300,000
2号	155,750	155,750	190,900	190,900	190,900	196,000	241,100	301,300	381,500	301,300
3号	156,500	156,500	191,800	191,800	191,800	197,000	242,200	302,600	383,000	302,600
4号	157,250	157,250	192,700	192,700	192,700	198,000	243,300	303,900	384,500	303,900
5号	158,000	158,000	193,600	193,600	193,600	199,000	244,400	305,200	386,000	305,200
6号	158,750	158,750	194,500	194,500	194,500	200,000	245,500	306,500	387,500	306,500
7号	159,500	159,500	195,400	195,400	195,400	201,000	246,600	307,800	389,000	307,800
8号	160,250	160,250	196,300	196,300	196,300	202,000	247,700	309,100	390,500	309,100
9号	161,000	161,000	197,200	197,200	197,200	203,000	248,800	310,400	392,000	310,400
10号	161,750	161,750	198,100	198,100	198,100	204,000	249,900	311,700	393,500	311,700
11号	162,500	162,500	199,000	199,000	199,000	205,000	251,000	313,000	395,000	313,000
12号	163,250	163,250	199,900	199,900	199,900	206,000	252,100	314,300	396,500	314,300
13号	164,000	164,000	200,800	200,800	200,800	207,000	253,200	315,600	398,000	315,600
14号	164,750	164,750	201,700	201,700	201,700	208,000	254,300	316,900	399,500	316,900
15号	165,500	165,500	202,600	202,600	202,600	209,000	255,400	318,200	401,000	318,200

（以下、略）

⑤　役割給

　会社は、仕事を組織的・効率的に進めるために、社員一人ひとりについて、その能力や意欲や年齢や経験年数などに応じて一定の役割を与えている。

　例えば、
　　・仕事を正確かつ迅速に遂行する方法を習得する役割（新入社員）
　　・独力で仕事を正確かつ迅速に遂行する役割（中堅社員）
　　・係長として部下を指揮命令し、係の業務目標を達成する役割
　　・課長として部下を指揮命令し、課の業務目標を達成する役割
　　・部長として部下を指揮命令し、部の業務目標を達成する役割
などである。

役割によって、遂行の難しさや責任の度合いが異なる。このため、その役割を遂行するのに必要な能力や知識も異なる。働く意欲があり、健康でさえあれば、どの役割でも務まるというものではない。

　「役割によって、難易度、求められる能力、責任の程度が異なる」という事実を踏まえ、役割ごとに給与を決定する仕組みを「役割給」という。

　役割給制度を実施するときは、はじめに「役割」の区分を明確にする必要がある。そのうえで、役割の区分ごとに、給与の額を定める。

　役割の区分を例示すると、図表１－８のとおりである。また、役割給の例は、図表１－９のとおりである。

　役割給方式は、役割の重要度に応じて給与を決定するものであるから、社員の勤労意欲の向上、会社に対する忠誠心の高揚につながる。

　このほか、役割給方式には、
・給与決定の透明化を図れる
・社員の中高年化に伴って、給与水準が自動的・機械的に上昇するのを防げる
・給与コストの合理化を図れる

などのメリットがある。

　しかし、その反面、
・役職者以外の者の役割を合理的に決めることが難しい
・役割相互間の給与格差の設定が容易ではない（格差が大きすぎると、社員相互の一体感の形成に支障が生じる。逆に、格差があまり小さいと、重要な役割を果している社員に不満が生じる）

などの問題点がある。

図表1-8　役割基準表（例）

	役　割　基　準	備考
Ⅰ	①部を統括し、部を代表する。 ②部下を適切に指揮命令し、かつ、意思決定を迅速・的確に行い、部の業務計画を達成する。 ③部下を指導監督し、かつ、人材の育成を図る。	部長
Ⅱ	①課を統括し、課を代表する。 ②部下を適切に指揮命令し、かつ、意思決定を迅速・的確に行い、課の業務計画を達成する。 ③部下を指導監督し、かつ、人材の育成を図る。 ④部長をよく補佐する。	課長
Ⅲ	①係を統括し、係を代表する。 ②部下を適切に指揮命令し、かつ、その動機付けを図りつつ、係の業務計画を達成する。 ③部下を指導監督する。 ④課長をよく補佐する。	係長
Ⅳ	①係長の包括的な指示を踏まえ、係の主要な業務を効率的かつ正確に遂行する。 ②後輩社員を指導監督する。 ③係長をよく補佐する。	主任
Ⅴ	①係長の包括的な指示を踏まえ、係の主要な業務を正確に遂行する。 ②担当業務の改善・効率化を工夫する。 ③後輩社員を指導監督する。	
Ⅵ	①係長の包括的な指示を踏まえ、定型的業務を遂行する。 ②担当業務の改善・効率化を工夫する。 ③業務遂行に必要な実務知識を充実させる。	
Ⅶ	①係長または先輩社員の具体的な指導監督を受け、定型的業務を遂行する。 ②係長の指示を正しく理解して業務を遂行し、関係者に対して正確に報告・連絡する。 ③業務遂行に必要な基礎知識を習得する。	

第1章　給与の決め方と給与費の管理方法

図表1－9　役割給表（例）

	Ⅶ	Ⅵ	Ⅴ	Ⅳ	Ⅲ	Ⅱ	Ⅰ
号差	800	1,000	1,000	1,200	1,200	1,500	1,500
1号	150,000	180,000	210,000	240,000	280,000	330,000	380,000
2号	150,800	181,000	211,000	241,200	281,200	331,500	381,500
3号	151,600	182,000	212,000	242,400	282,400	333,000	383,000
4号	152,400	183,000	213,000	243,600	283,600	334,500	384,500
5号	153,200	184,000	214,000	244,800	284,800	336,000	386,000
6号	154,000	185,000	215,000	246,000	286,000	337,500	387,500
7号	154,800	186,000	216,000	247,200	287,200	339,000	389,000
8号	155,600	187,000	217,000	248,400	288,400	340,500	390,500
9号	156,400	188,000	218,000	249,600	289,600	342,000	392,000
10号	157,200	189,000	219,000	250,800	290,800	343,500	393,500
11号	158,000	190,000	220,000	252,000	292,000	345,000	395,000
12号	158,800	191,000	221,000	253,200	293,200	346,500	396,500
13号	159,600	192,000	222,000	254,400	294,400	348,000	398,000
14号	160,400	193,000	223,000	255,600	295,600	349,500	399,500
15号	161,200	194,000	224,000	256,800	296,800	351,000	401,000

（以下、略）

⑥　業績給

　会社は、「利益（業績）を挙げるための組織」である。利益を継続的に挙げることができなければ、会社は存続していくことができない。

　社員全員が業績を向上させるために努力し、実際に業績を挙げることにより、会社の成長発展が図られる。このため、会社としては、社員が「業績を挙げること」を目指して働くように動機付けを行うことが必要である。

　「業績給方式」は、社員一人ひとりについて、1年間の業務目標を明確にした上で、その目標をどれだけ達成したかを評価し、その後1年間の給与（業績給）を決定するというものである。

　業績給の場合は、資格等級別、評価別に絶対額で決める。例えば、

図表1-10のように決める。

社員5級の社員の場合、自己の業務目標を完全に達成してS評価を得れば42万円の基本給を支給される。しかし、業務目標の達成状況が悪く、D評価に留まれば、28万円となる。

業績給方式の場合、毎年、評価によって給与（基本給）が洗い替えとなる。新しい給与は、これまでの給与の支給額にかかわりなく、「前年の業績がどうであったか」によって決定される。

業績給方式においては、定期昇給はない。昇給するどころか、給与がダウンする可能性もある。

この方式には、メリットもあれば、問題点もある（図表1-11）。

図表1-10　業績給表（例）

	S評価	A評価	B評価	C評価	D評価
社員5級	420,000	380,000	350,000	320,000	280,000
社員6級	480,000	440,000	400,000	360,000	320,000
社員7級	540,000	500,000	450,000	410,000	360,000
社員8級	600,000	550,000	500,000	450,000	400,000
社員9級	660,000	610,000	550,000	500,000	440,000

図表1-11　業績給方式のメリットと問題点

メリット	問題点
○業績（会社への貢献度）に応じて給与を決められる。 ○業績への関心を高められる。 ○成果主義人事制度を構築できる。 ○昇給コストを節減できる。	●評価ごとの給与の設定が難しい。 ●業績次第では給与が大きくダウンするため、社員に不安を与える可能性がある。 ●個人ごとの業務目標を明確に設定できない社員には、適用できない。

(4) **併存給方式**

　これは、基本給を、
　・年齢を基準として決める「年齢給」
　・勤続年数を基準として決める「勤続給」
　・職務遂行能力に応じた等級（職能資格等級）を基準として決める
　　「職能給」
　・仕事の種類を基準として決める「職種給」
　・仕事上の役割を基準として決める「役割給」
　・仕事上の成績・成果を基準として決める「業績給」
などのうち、2つ以上を組み合わせて決めるというものである。

　組み合わせとしては、
　・「職能給」と「年齢給」との組み合わせ
　・「職能給」と「年齢給」と「勤続給」との組み合わせ
　・「職種給」と「年齢給」との組み合わせ
　・「役割給」と「年齢給」との組み合わせ
などがある。

　2つ以上の給与決定基準を組み合わせることにより、説得力のある給与制度を設計することができる。

2　手当の決め方

(1) 手当の種類

　毎月支払われる給与は、「労働の対価」であると同時に、「生活の保障」という性格を持つものである。給与の柱である基本給が、これら2つの性格を完全に満たすことができればそれに越したことはない。しかし、それは現実的にはなかなか難しい。

　そこで、基本給のほかに付加的・補完的に一定の金銭を支給し、給与の支給目的を補完することが考えられる。基本給とは別に、付加的・補完的に支給されるものを「手当」という。

　手当には、

　・生活に必要とされる支出を補完するためのもの

　・通勤に必要とされるコストをカバーするためのもの

　・職務の内容に応じて支給されるもの

　・通常とは異なる勤務条件に配慮して支給されるもの

　・出勤率を向上させる目的で支給されるもの

など、さまざまな種類がある（図表1－12）。

　どのような種類の手当を支給するか、手当の金額をどれくらいに設定するかは、会社の給与管理・労務管理においてきわめて重要な問題である。

図表1－12　手当の種類と支給条件

名　称	支給条件・支給目的
家族手当	扶養家族を有する者
住宅手当	住宅費用を補助すること
食事手当	食事費用を補助すること

地域手当	大都市や僻地など、特定の地域に勤務する者
寒冷地手当	寒冷地に勤務する者に暖房用燃料費を補助すること
別居手当	単身赴任者の生活費を補助すること
子女教育手当	子の教育費を補助すること
通勤手当	通勤費を補助すること
役付手当	管理、監督の地位に就いている者
専門職手当	専門的な業務を遂行する者
技能手当	特定の技能、資格を有する者（ボイラー、クレーン運転等）
特殊作業手当	特殊な作業（危険作業、高熱作業、低温作業、騒音作業等）に従事する者
自動車運転手当	業務で自動車を運転する者
特殊勤務手当	特殊な条件（交替勤務、単独勤務等）で業務を遂行する者
営業手当	外勤、セールスに従事している者
応援手当	他の事業所に一時的・臨時的に応援派遣されている者
出向手当	子会社、関連会社等に出向している者
呼出手当	休日や夜間に業務の都合で呼び出された者
宿日直手当	宿直、日直を行った者
年末年始手当	年末年始に勤務する者
繁忙手当	繁忙時の勤労意欲の向上を図ること
精皆勤手当	一定期間、欠勤・遅刻・早退等がゼロまたは僅少であった者
業績手当	業務において一定以上の成績を達成した者
調整手当	特別の事情で生じた給与のアンバランスを是正、解消すること

(2) 基本給と手当との割合

　手当は、あくまでも基本給を補完するものであり、それ以上のもの

ではない。このため、所定内給与に占める手当（時間外勤務手当などの法定手当を除く。以下、同じ）の割合は、おのずから限られてくる。もしも、所定内給与に占める手当の割合が40%、50%程度になり、基本給と肩を並べるとしたら、「基本給を補完する」という手当の目的を逸脱してしまう。

　基本給の補完という手当の性格から判断すると、所定内給与に占める手当の割合は、全社員を平均して10～20%程度にとどめるのが妥当であろう。

(3)　**主な手当の決め方**
① 　家族手当
　家族手当は、扶養家族を持つ者に支給される手当である。
　家族手当を支給する場合には、その支給対象となる扶養家族の範囲を明確にすることが必要である。扶養家族の範囲については、
　　・配偶者と子のみとする
　　・配偶者と子の他に、弟妹と親（実父母・養父母）を加える
などがある。
　家族手当の決め方には、主として、
　　・配偶者、子、弟妹、親等の別に決める
　　・配偶者のみ特定し、その他は扶養人員順に決める
　　・扶養人員順に決める
などがある（図表1-13）。

図表1-13　家族手当の決め方（月額）

	例
配偶者、子、親等の別に決める	配偶者　　　15,000円 子（一人につき）　4,500円 親（一人につき）　3,000円
配偶者のみ特定し、その他は扶養人員順に決める	配偶者　15,000円 第一子　5,000円 第二子　4,000円 第三子以下（一人につき）　3,000円
扶養人員順に決める	第一扶養　15,000円 第二扶養　4,000円 第三扶養　3,500円 第四扶養以下（一人につき）　3,000円
扶養人員ごとに決める	1人の場合　10,000円 2人の場合　16,000円 3人の場合　21,000円 4人の場合　25,000円 5人の場合　28,000円

② 住宅手当

　住宅手当は、住宅にかかわる経費を補助し、社員の生活の安定に資するために支給されるものである。

　住宅手当の決め方は、

　・世帯構成、住居形態、地域・都市等の要素のうち、いずれか1つを基準として決める
　・2つ以上の要素を組み合わせて決める
　・一律に同金額を支給する

の3つがある（図表1-14）。

図表1-14　住宅手当の決め方（月額）

世帯構成基準方式	・扶養家族を有する世帯主　20,000円 ・扶養家族を有しない世帯主　10,000円
住居形態基準方式	・借家・借間居住者　25,000円 ・持家居住者には支給せず
世帯構成・住居形態基準方式	・配偶者または扶養家族を有する世帯主 　　賃貸住宅　20,000円 　　持家　10,000円 ・配偶者・扶養家族を有しない世帯主 　　賃貸住宅　10,000円 　　持家　5,000円
世帯構成・地域基準方式	・世帯主 　　東京地区　18,000円 　　東京以外　9,000円 ・非世帯主 　　東京地区　6,000円 　　東京以外　3,000円
一律方式	一律16,500円。ただし、親元同居者は除く

③　通勤手当

通勤手当の支給対象距離については、

　・特に条件を設けない

　・一定の条件を設ける

の2つがある。

　一般的には、「会社から2km以遠から通勤する者」という条件が設けられている。

　通勤手当の支給額については、

　・限度額は設けない

　・限度額を設ける

　・一定の上限額を超える場合は、その一定割合を支給する

などの取り扱いがある（図表1-15）。

図表1-15　通勤手当の決め方（公共交通機関利用の場合）

限度額は設けない	
限度額を設ける	（例1） 1ヶ月30,000円を限度とする。 （例2） 1ヶ月100,000円を超えない額とする。
一定額を超えるときは、一部自己負担	（例1） 1ヶ月50,000円を超える部分については、その半額を支給。 （例2） 1ヶ月80,000円を超える部分については、その3分の1を支給する。

④　自動車・バイク通勤手当

　自動車・バイクによる通勤については、「事故・事件を起こしたり、巻きこまれたりする可能性がある」「一定の駐車スペースを用意しなければならないが、その余裕がない」などの理由から認めていない会社が多い。

　しかし、公共交通の便があまり良くなく、かつ、一定の駐車スペースを用意できる会社では、自動車・バイク通勤を認めざるを得ないであろう。

　自動車・バイク通勤手当の決め方には、主として、
　・公共交通機関を利用した場合の通勤定期券代相当額とする
　・片道通勤距離、燃費、ガソリン単価などにより算定する
　・片道通勤距離に応じた定額を設定する
の3つがある（図表1-16）。

図表1-16　自動車・バイク通勤手当の決め方（月額）

公共交通機関を利用した場合の通勤定期券代相当額方式	JR、私鉄、バス等の通勤定期券代に相当する金額を支給する。
片道通勤距離、燃費、ガソリン単価などにより算定する方式	（片道通勤距離×2×1ヶ月所定勤務日数÷燃費）×ガソリン代単価 （注）燃費は、乗用車8km/ℓ、バイク20km/ℓ、とする。ガソリン代単価については、石油情報センター調査のレギュラーガソリン単価による。
片道通勤距離に応じた定額方式	自動車、バイクとも、次の金額。 2～10km未満　　4,100円 10～15〃　　　　6,500円 15～25〃　　　 11,300円 25～35〃　　　 16,100円 35～45〃　　　 20,900円 45km以上　　　 24,500円

⑤　営業手当

　営業手当（外勤手当）の支給目的は、営業活動に伴う身体的・精神的な疲労を補償することである。

　また、社外に出かけるわけであるから、被服や靴等の損耗の度合いも大きい。その損耗を補償することも、支給目的の1つである。

　さらに、外出に伴うさまざまな出費をカバーするという目的もある。

　営業手当の決め方には、

　・月当たり定額で定める（職位別、資格等級別、一律等）

　・月当たり定率で定める

　・月当たり定額＋定率で定める

　・一定の時間外手当に相当する金額とする

　・日額で定める

などがある（図表1-17）。

　これらのうち、月当たり定額方式（職位別、資格等級別、一律等）

が広く採用されている。

図表1-17　営業手当の決め方

月当たり定額方式（職位別）	係長　40,000円 主任　30,000円 一般　20,000円
月当たり定額方式（資格等級別）	社員5、6級　50,000円 社員3、4級　35,000円 社員1、2級　20,000円 （注）社員7級以上は、管理職。このため営業手当は支給せず、役付手当を支給する。
月当たり定額方式（全員一律）	30,000円
月当たり定率方式	基本給×15％
月当たり定率＋定額方式	基本給×10％に加え、次の金額。 総合職3、4級　20,000円 総合職1、2級　10,000円
時間外手当相当額方式	時間外手当25時間分相当額
日額で定める	外勤が5時間以上に及んだとき、資格等級に応じて2,000～3,500円の日当を支給。

⑥　役付手当

　係長・課長・部長等の役職者は、部下を指揮命令し、自分が担当する部門の業務を責任をもって遂行する責任を負っている。

　役付手当は、本来的に、このような役職者の職務上の責任に配慮して、基本給とは別に支給されるものである。

　また、役付手当には、「時間外手当（時間外割増賃金）の不支給による収入減の補てん」という性格もある。

　さらに、役職に就き、部下ができると、付き合いや冠婚葬祭の支出が増える。そのような費用の補助も、役付手当の1つの目的といえる。

役付手当の決め方には、
　・職位ごとに一律に定める
　・同じ職位でも金額に幅を設ける
　・基本給の一定割合とする
の3つがある（図表1－18）。

図表1－18　役付手当の決め方（月額）

職位別一律方式	部　　　長　80,000円 部 次 長　65,000円 課　　　長　50,000円 課長代理　30,000円 係　　　長　15,000円
同一職位でも幅を設ける方式	部　　　長　100,000～70,000円 部 次 長　　80,000～60,000円 課　　　長　　70,000～50,000円 課長代理・課長補佐　60,000～40,000円 係　　　長　　30,000～10,000円
基本給の一定率方式	基本給×15％

3　昇給の決め方

(1)　昇給と人事考課

　多くの会社が毎年4月に昇給を行っている。昇給を行うかどうかは会社の自由であり、昇給を行わないからといって特に法的な問題が生じるわけではないが、もしも昇給制度を実施しなかったら、社員の勤労意欲と定着率に好ましくない影響を与えることであろう。

　昇給については、
　・人事考課を行わないで昇給額・昇給率を決める
　・人事考課を行って、昇給額・昇給率を決める
の2つがある。

　給与は、「労働の対価」という性格を持つものである。したがって、会社としては、社員一人ひとりについて、会社に提供された労働の内容を評価し、その評価の結果に基づいて昇給の額を決めるのが合理的といえる。

　労働の内容を評価することなく、「全員5％昇給させる」「全社員5,000円昇給させる」という一律の取扱いは、外見的には公平であるが、「適正な人事管理」「合理的な給与制度」という観点からすると大いに問題である。

(2)　人事考課の対象と昇給率

　昇給の人事考課は、
　・日常の勤務態度
　・職務遂行上の能力のレベル
　・勤務の成績・成果
の3つの分野について行う（図表1－19）。

　昇給への反映のさせ方には、

・考課の結果別に決める
・一般社員と役職者とに区分して、考課の結果別に昇給率を決めるなどがある（図表1－20）。

図表1－19　昇給の人事考課の対象

	一般社員	役職者
勤務態度	・規律性 ・協調性 ・積極性 ・責任性	・積極性 ・責任性 ・コスト意識 ・経営参加意識
能　　力	・業務知識 ・理解力 ・判断力 ・表現力	・業務知識 ・管理力 ・決断力 ・企画力 ・指導育成力
勤務成績	・仕事の質（正確さ） ・仕事の量（迅速さ）	・部門の業務達成度 ・業績への貢献度

図表1-20　人事考課の昇給への反映の仕方

	例
考課結果別	S評価＝7％昇給 A評価＝5％昇給 B評価＝3％昇給 C評価＝1％昇給 D評価＝昇給ゼロ
役職の有無別・考課結果別	（一般社員） S評価＝5％昇給 A評価＝4％昇給 B評価＝3％昇給 C評価＝1％昇給 D評価＝昇給ゼロ （役職者） S評価＝7％昇給 A評価＝5％昇給 B評価＝3％昇給 C評価＝昇給ゼロ D評価＝昇給ゼロ

4　初任給の決め方

(1) 新卒者の初任給

① 世間相場への配慮

新卒者の初任給は、

・世間相場

・在籍者とのバランス

・新卒者の職務価値

などを配慮して決定するのが現実的である。

日本では労働市場がきわめて閉鎖的であるため、給与についての「相場」が形成されていない。採用の都度、会社が採用者の経験年数や年齢などを勘案して決定することになっている。

しかし、初任給については、例外的に学歴別に初任給が形成されている。大卒はいくら、高卒はいくらという形で相場が形成されている。

世間相場は、

・新卒者の需給関係

・景気の動向

・消費者物価の動向

などによって決まる。

優れた新卒者を募集・採用するためには、世間相場に合わせて初任給を決めることが必要である。大企業や有名会社であれば、知名度の高さや経営の安定性・堅実性のために初任給が世間水準より多少低くても学生が集まる。しかし、規模が大きくない会社や、知名度が高くない会社は、そうはいかない。

規模が大きくない会社、知名度が高くない会社は、世間相場をにらんで初任給を決めることが望ましい。

② 在籍者とのバランス

　在籍者とのバランスへの配慮も必要である。

　優れた新卒者を確実に採用するという観点からすると、初任給をできる限り高く設定するのが効果的であるが、そうすると在籍者とのバランスが崩れてしまう。初任給が、2，3年前に入社した者の給与よりも高いというのでは、在籍者はやる気をなくしてしまう。この場合、初任給の引き上げに合わせて在籍者の給与を引き上げることができればそれに越したことはない。しかし、そのような取り扱いをすると、全体としての給与の支払い額が増加して経営を圧迫する。

　さらに、給与は「労働の対価」という性格を持っているため、「新卒者が労働力としてどれほどの価値があるか」にも配慮すべきである。

(2) **中途採用者の給与の決め方**

　中途採用者の給与の決め方には、実務的に次のような方法がある。

① 総合決定法

　これは、中途採用者の給与を、
　・年齢
　・採用職種の経験の有無、経験年数
　・前の勤務先での給与
　・本人と同年齢または同年次卒の在籍社員の給与
などを総合的に評価して決めるというものである。

　この方式は、さまざまなファクターを総合的に勘案して給与を決定できるというメリットがある。しかし、その反面、透明性に欠けるという問題がある。

② 同年次卒社員との横並び方式

　中途採用者は誰でも、「自分と同年次卒の在籍者の給与がいくらであるか」を気に掛けるものである。同年次卒の在籍社員と同額の給与を提示されると納得するが、「中途採用だから」という理由で、同年次卒の在籍者より20％も30％も低い額を提示されると、入社をためらう。

　一方、在籍者も、中途採用者の給与が気に掛る。中途採用者に対して、自分より10％も20％も高い給与が支払われると、勤労意欲が著しく低下する。

　中途採用者の給与を同年次卒の在籍者と同額にすれば、中途採用者本人も、在籍者も不満は感じない。

　卒業年次横並び方式は、卒業年次の浅い中途採用者の給与決定方式として広く採用されている。

　なお、横並び方式といっても、給与決定項目の中に「勤続給」が含まれている場合には、中途採用者の給与はその分だけ低くする。

③ 前職区分方式

　即戦力となる中途採用は、一般に、「同じ業種で、しかも同じ職種を担当していた者」である。業界の事情をよく知っているうえに、仕事の進め方や要領を習得しているからである。これに対して、異なる業種で異なる職種を担当していた者は、採用しても即戦力となるには一定の期間が必要となる。

　例えば、自動車販売業の営業職でいえば、同じ自動車販売会社で営業担当であった者は、採用日から即戦力となる。これに対して、自動車販売会社以外の業種にいて、かつ、営業の経験のない者は、即戦力となるまでに相当の期間がかかる。

　このような事情に着目したのが「前職区分方式」である。「前の会

社でどのような仕事をしていたか」を基準として採用時の給与を決めるものである。例えば、図表1－21のようにして給与を決定する。

図表1－21　前職区分方式（例）

前　　職	採用時の給与
同じ業種・同じ職種の中途採用者	同年次在籍者と同額
異業種・同じ職種の中途採用者	同年次在籍者よりも5％低い額
同じ業種・異なる職種の中途採用者	同年次在籍者よりも10％低い額
異業種・異なる職種の中途採用者	同年次在籍者よりも15％低い額

④　経験年数調整方式

どのような職種でも、経験が重要である。経験が豊かであればあるほど、戦力とした期待でき、業績への貢献が見込める。

この「経験年数調整方式」は、「卒業後、どれくらいの期間、採用職種と同じ職種を経験してきたか」を評価して給与を決めるというものである。事例を示すと、図表1－22のとおりである。

この方式は、経験年数という客観的な指標を基準として採用時の給与を決めるので合理的・説得的である。しかし、本人の申告年数が正確であるかを判定しがたいという難点がある。

図表1－22　経験年数調整方式（例）

卒業後の経験年数	採用時の給与
90％以上の中途採用者	同年次在籍者と同額
80％以上～90％未満の中途採用者	同年次在籍者よりも5％低い額
70％以上～80％未満の中途採用者	同年次在籍者よりも10％低い額
70％未満の中途採用者	同年次在籍者よりも15％低い額

5 年俸制

(1) **年俸制の適用対象者**

　年俸制は、賞与も含めた年間の給与をあらかじめ決めるというものである。「年○○○万円」というように、１年間の給与を決定する。

　一般的に年俸制が適しているのは、
　　・一人ひとりの仕事上の役割と責任が明確に定められていること
　　・個人別の成果、成績を把握できること
という２つの条件を満たす職種である。

　この２つの条件を満たしていないと、年俸の金額を合理的に決定することができない。年俸を決めても、恣意的になってしまう。

　会社の場合、一般的に、この２つの条件を満たしているのは、営業職、管理職および専門職である。

　このうち、営業職については、労働基準法の規定により、１日８時間を超えて労働させたときは、割増賃金（時間外勤務手当）を支払わなければならない。「仕事の成果・成績が良くなかったから」といって時間外勤務手当を支払わないと、労働基準法違反となり、罰則を受ける。営業職に年俸制を適用する場合には、一定の時間外勤務手当を織り込むことになるが、それでは年俸制の趣旨に沿わない。

　これらの事情を考慮すると、年俸制の適用がふさわしいのは、管理職と専門職ということになる。

(2) **年俸の決め方**

　年俸の決め方には、「総合方式」と「積み上げ方式」の２つがある。

　「総合方式」は、前年の仕事上の成績、職務遂行能力、社内で果たすべき役割、さらには、会社の期待度などの要素を総合的に判断して「年間○○○○万円」という形で、年俸一本で決めるものである。

例えば、「能力が高く、前年業務目標を完全に達成し、会社の期待によく応えてくれたから、1,200万円とする」というように、年俸を決定する。

これに対し、「積み上げ方式」は、月給に相当する部分（労働の対価）と、賞与に相当する部分（業績に対する報酬）とを積み上げて年俸を決めるものである。この場合、月給に相当する部分を「基本年俸」、賞与に相当する部分を「業績年俸」と呼ぶ。

例えば、次のように決める。

基本年俸	600万円
業績年俸	400万円
計	1,000万円

日本の人事制度においては、「賞与制度」がきわめて大きな意味を持っている。社員の誰もが「夏季と年末の年2回、会社の業績に応じて賞与が支給される」と考えている。そして、賞与の支給を前提とした生活設計を立てている。

また、仕事の成果・成績だけを評価基準として、「年間〇〇〇万円」という形で年俸を決定すると、年によって金額が大きく変動する可能性がある。いくら年俸制が成果主義の給与制度であるとはいえ、年俸が年によって大幅に変動すると、社員は誰もが不安を感じるであろう。

これらのことを考えると、年俸は、
- 仕事の内容（遂行の困難さ・責任の重大性）、仕事上の能力と役割を基準として決める「基本年俸」
- 前年度の仕事の成果・成績、目標の達成度を評価して決める「業績年俸」

とから構成するのが妥当といえる（図表1－23）。

図表1-23　年俸制の設計

1	適用対象者	・課長以上の役職者 ・専門職
2	年俸の計算期間	4月～翌年3月
3	年俸の構成	・基本年俸と業績年俸とで構成する。 ・基本年俸は、仕事の責任度・能力・役割を評価して決定する。 ・業績年俸は、前年度の仕事の成果・成績を評価して決定する。
4	年俸の支払い	・基本年俸―――12等分し、毎月1等分ずつ支払う。 ・業績年俸―――2等分し、夏季と年末に1等分ずつ支払う。
5	諸手当	通勤手当のみ支払う。
6	時間外・休日勤務手当	支払わない。
7	遅刻・早退・欠勤控除	行わない。
8	年度途中で退職した場合	残余の年俸は支払わない。
9	年俸の改定	毎年4月に行う。

(3) **年俸制のメリットと問題点**

① 年俸制のメリット

　月給制の場合は、1ヶ月を単位として給与を決めるという性格上、生活に必要とされる費用（生計費）を保障するという色彩が濃い。しかも、短い期間を単位として給与を決めるため、各人の業績評価を反映するにはおのずから限界がある。

　これに対して年俸制は、賞与も含めた年間の給与を一括して決めることになるため、各人の業績を明確に反映させることが可能となる。業績に応じて、年俸をアップさせることも、ダウンさせることもできる。

　業績評価を給与にはっきりと反映させることのできる点が年俸制度の大きなメリットである。

年俸制には、この他、
- ・実力主義、能力主義の賃金管理ができる
- ・経営への参加意識を高めることができる
- ・社員の個別的賃金管理ができる
- ・比較的簡単に年収調整ができる

など、さまざまなメリットがある。

② 年俸制の問題点

しかし、その一方において、
- ・年俸決定のための評価基準の設定と運用が難しい
- ・年俸のダウンが実際には容易でない

などの問題点がある。

6　給与費の管理と予算制度

(1)　給与費の管理と経営

　毎月決まって支払われる給与を「所定内給与」という。基本給に、家族手当、役付手当、営業手当などの諸手当を加えたものである。

　総人件費の中で、所定内給与費（所定内給与の総額。以下、単に「給与費」という）が占める割合はきわめて大きい。総人件費の大部分が給与費であるという会社も少なくない。したがって、経営を合理的・効率的に進めていくためには、給与費を合理的に管理することが必要不可欠である。

　給与費の管理が適切でないと、総人件費が過大となる。その結果、収支のバランスが崩れ、経営基盤が弱体化する。

　実際、これまでに重大な経営危機に見舞われた会社について、危機に陥った原因を検証すると、「給与費の管理がルーズであった」というところが多い。給与費の合理的な管理の必要性・重要性は、いくら強調しても強調しすぎることはない。

　給与費管理の決め手は、予算制度の実施である。すなわち、経営の実力と支払能力に応じて給与費を決定し、それを超えることのないように計画的に給与費の支出を行っていく。

　給与費の管理は、組織的・継続的に行うことが必要である。組織的・継続的に行わないと、その効果を上げることができない。このため、管理責任者を置くのがよい。一般的には、人事部長を管理責任者とするのが妥当であろう。

　給与費の管理を合理的・計画的に行うため、人事部長は、毎年度、給与費予算を作成し、社長の承認を得るものとする。

(2) **給与費予算制度の実施手順**

① 総人員計画の作成

　給与費は、社員の雇用に伴う必要経費である。社員を雇用しているからこそ発生するものである。このため、はじめに総人員計画（正社員）を作成し、人員を確定する。

　総人員計画は、次のものを踏まえて作成する。
- ・当年度の経営計画
- ・当年度の各部門の業務計画
- ・前年度の総人員の実績
- ・その他必要事項

総人員計画表の様式を示すと、様式例1－1のとおりである。

様式例1－1　総人員計画表（正社員）

1　総括表

項目	計画	前年度実績	前年度比	備考
期首人員				
採用者数				
退職者数				
期中平均人員				
期末人員				

2　部門別表（期中平均人員）

部門	期中平均人員	前年度人員	前年度比	備考
計				

② 給与費予算の作成

　総人員計画を踏まえて、給与費（所定内給与）の年度予算を算定する（様式例１－２）。

　給与費の算定には、実務的に、次のような方式がある。

ア　総合算定方式

　これは、

　　・当年度の経営計画

　　・在籍人員の見込み

　　・定期昇給額の見込み

　　・昇進・昇格者の見込み

　　・前年度の実績

などを総合的に勘案して、給与費を算定するというものである。

　この方式は、さまざまな要素を織り込めるというメリットがある。したがって、広く採用されている。

　しかし、その反面、給与費がとかく増大しがちであるという問題点が指摘されている。

イ　業績連動方式

　これは、前年の業績に連動させて給与費を算定するものである。具体的には、

　　・前年の平均給与

　　・前年度の営業利益（社員一人当たり）の増加率

　　・社員数

　　・月数

を掛け合わせて、給与費を算定する。

　給与費＝前年の平均給与×前年度の営業利益（社員一人当たり）の

増加率×社員数×12ヶ月

　なお、営業利益が前年度を下回ったとき、または営業利益を計上することができなかったときに、この算定式を適用すると、給与費が前年度よりも減少し、結果的に社員の給与水準が低下することになる。しかし、そのような取り扱いは、現実的には困難である。

　したがって、減益のとき、または営業利益が赤字のときは、次の算定式で算定することにするのが妥当である。

　給与費＝前年の平均給与×1.0×社員数×12ヶ月

〈業績連動型方式の計算例〜増益のとき〉

平均給与等が次のとおりであるとする。
・前年の平均給与＝社員30万円、役職者40万円
・前年度の営業利益（社員一人当たり）の増加率＝5％
・社員数＝社員80人、役職者20人
この場合、給与費は、次のように算定される。
（社員の給与費）
　30万円×1.05×80人×12ヶ月＝30,240万円
（役職者の給与費）
　40万円×1.05×20人×12ヶ月＝10,080万円
（給与費合計）
　30,240万円＋10,080万円＝40,320万円

〈業績連動型方式の計算例～減益または赤字決算のとき〉

> 平均給与等が次のとおりであるとする。
> ・前年の平均給与＝社員30万円、役職者40万円
> ・前年度の営業利益（社員一人当たり）の増加率＝マイナス5％
> ・社員数＝社員80人、役職者20人
> この場合、給与費は、次のように算定される。
> （社員の給与費）
> 　30万円×1.0×80人×12ヶ月＝28,800万円
> （役職者の給与費）
> 　40万円×1.0×20人×12ヶ月＝9,600万円
> （給与費合計）
> 　28,800万円＋9,600万円＝38,400万円

ウ　実績値方式

これは、過去数年間（例えば、5年）における平均給与の増加率をもとに、給与費を算定するものである。具体的な算定式は、次のとおりである。

　給与費＝前年の平均給与×過去5年の平均給与の増加率平均値×社員数×12ヶ月

〈実績値方式の計算例〉

> 平均給与等が次のとおりであるとする。
> ・前年の平均給与＝社員30万円、役職者40万円
> ・過去5年の平均給与の増加率（年平均）＝社員4％、役職者3％

> ・社員数＝社員80人、役職者20人
>
> この場合、給与費は、次のように算定される。
>
> （社員の給与費）
>
> 　30万円×1.04×80人×12ヶ月＝29,952万円
>
> （役職者の給与費）
>
> 　40万円×1.03×20人×12ヶ月＝9,888万円
>
> （給与費合計）
>
> 　29,952万円＋9,888万円＝39,840万円

エ　人員比例方式

　これは、前年度の給与費と人員の増減率とを掛け合わせて給与費を算定するものである。

　　給与費＝前年度の給与費×総人員の対前年度増減率

〈人員比例方式の計算例〉

> 給与費の実績等が次のとおりであるとする。
>
> ・前年の給与費＝社員10,000万円、役職者3,000万円
>
> ・人員の対前年度増加率＝社員15％、役職者10％
>
> この場合、給与費は、次のように算定される。
>
> （社員の給与費）
>
> 　10,000万円×1.15＝11,500万円
>
> （役職者の給与費）
>
> 　3,000万円×1.1＝3,300万円
>
> （給与費合計）
>
> 　11,500万円＋3,300万円＝14,800万円

オ 人員比例・業績連動方式
　これは、
・前年度の給与費
・人員の増加率
・１人当たり営業利益増加率
の３つを掛け合わせて給与費を算定するものである。
　　給与費＝前年度の給与費×人員の対前年度増加率×１人当たり営業利益増加率
　なお、営業利益が前年度を下回ったとき、または営業利益を計上することができなかったときは、給与費は、次の算定式で算定する。
　　給与費＝前年度の給与費×人員の増加率×1.0

〈人員・業績連動方式の計算例〜増益のとき〉

給与費の実績等が次のとおりであるとする。
・前年の給与費＝社員10,000万円、役職者3,000万円
・人員の対前年度増加率＝社員15％、役職者10％
・全社員１人当たりの営業利益増加率＝５％
この場合、給与費は、次のように算定される。
（社員の給与費）
　　10,000万円×1.15×1.05＝12,075万円
（役職者の給与費）
　　3,000万円×1.1×1.05＝3,465万円
（給与費合計）
　　12,075万円＋3,465万円＝15,540万円

〈人員・業績連動方式の計算例〜減益または赤字決算のとき〉

給与費の実績等が次のとおりであるとする。
・前年の給与費＝社員10,000万円、役職者3,000万円
・人員の対前年度増加率＝社員15％、役職者10％
・全社員1人当たりの営業利益増加率＝マイナス5％
この場合、給与費は、次のように算定される。
（社員の給与費）
　　10,000万円×1.15×1.0＝11,500万円
（役職者の給与費）
　　3,000万円×1.1×1.0＝3,300万円
（給与費合計）
　　11,500万円＋3,300万円＝14,800万円

様式例1－2　給与費予算表

1　総括表

項目	予算	前年度実績	前年度比	備考
社員				
役職者				
計				

2　部門別表

部門	予算	前年度実績	前年度比	備考
計				

（注）時間外勤務手当は含まない。以下、同じ。

③ 給与費予算の月間支出計画

労働基準法は、「給与は、毎月1回以上、一定の期日を定めて支払わなければならない」と規定している。「売り上げが落ち込んでいる」「取引先からの販売代金の入金が遅れている」「資金繰りが苦しい」などの理由で給与の支払いを先延ばしすることは認められていない。

給与費の管理は、確実に行われることが必要である。管理を確実に行うためには、毎月支出計画を作成するのがよい。このため、人事部長は、毎月一定期日までに翌月の給与費支出計画を作成し、これを社長に提出してその承認を得るものとする。

様式例1－3　給与費月間支出計画表（○○年○月）

	支出予定	前月支出額	前月比	備考
社員				
役職者				
計				

④ 予算の執行状況のチェック

予算制度は、あらかじめ経営に必要な経費を必要な額だけ計上し、その金額を計画的に支出して経営を円滑に進めるという制度である。したがって、あらかじめ計上した予算が予定通りに執行（支出）されることが望ましい。

例えば、年度の給与費を1億2千万円（月額1,000万円）と見込んだときは、毎月1,000万円の給与費が支出されることが望ましい。給与費の支出額が予算を下回ったり、あるいは予算を大幅に超過することは、要員の面や業務計画の遂行などの面において何らかの問題が生じていることを示すものであるから、速やかにその原因を調査・究明し、しかるべき適切な対策を講じる必要がある。

このため、人事部長は、毎月、給与費について、前月までの支出累計額を計算し、順調に執行されているかを確認する（様式例1－4）。

様式例1−4　予算執行チェック表

	前月までの累計支出額（A）	予算（B）	執行率(A／B)	備考
社員				
役職者				
計				

⑤　給与予算の決算

予算年度が終了したときは、給与費予算の決算を行い、「給与費はいくらであったか」を確認する（様式例1−5）。

決算と予算との間に大きな差異が生じたときは、その原因を究明し、次年度の予算作成に活かすものとする。

様式例1−5　給与費の決算表

1　総括表

	決算	予算	予算比	備考
社員				
役職者				
計				

2　部門別表

部門	決算	予算	予算比	備考
計				

⑥ 給与費の適正性のチェック

　経営の健全性・安定性を維持するためには、給与費と会社の実力（支払能力）との間にバランスが取れていなければならない。

　ところが、現実には、給与費と会社の実力とのバランスが知らず知らずの間に失われがちである。

　これは、「終身雇用の下では、人員の調整を行うことが難しい」という事情に加えて、「給与を引き下げることがきわめて難しい」「社員の間に、昇給への強い期待感がある」からである。

　このような給与費と支払能力とのアンバランス事象を放置していると、経営の健全性・安定性が失われ、経営は重大な危機に陥る。

　会社としては、給与費の決算が終了したときは、給与費の適正性をチェックすることが望ましい（様式例1－6、様式例1－7）。

　チェックの結果、「給与費が増えすぎている」「稼ぐ能力、支払能力に比較して、給与費が大きくなっている」と評価されるときは、次年度以降、給与費を計画的に抑制する措置を講じる。例えば、

　　・昇給額の抑制
　　・一定年齢（例えば、50歳）以降の昇給の抑制
　　・手当の支給基準の見直し
　　・採用人員の抑制
　　・非正社員の活用

などの措置を講じる。

　給与費の適正性を評価・判断するためのチェックポイントを示すと、図表1－24のとおりである。

図表1-24　給与費のチェックポイント

① 給与費がこれまで以上のペースで急増していないか
② 給与費の増加率と人員の増加率とのバランスが取れているか。人員があまり増加していないのに、給与費だけが増加していないか
③ 1人当たり給与費が伸びすぎていないか
④ 給与費の増加率と売上高の増加率とのバランスが保たれているか。給与費の伸びが売上高の伸びを大きく超えていないか
⑤ 給与費の増加率と粗利益の増加率とのバランスが保たれているか。給与費の伸びが粗利益の伸びを大きく超えていないか
⑥ 給与費と営業利益とのバランスが保たれているか。給与費の営業利益に対する比率が大きく増加していないか

様式例1-6　給与費チェック表（その1）

	給与費(A)	給与費の対前年度比	総人員(B)	総人員の対前年度比	1人当たり給与費（A／B）	1人当たり給与費の対前年度比
2011						
2012						
2013						
2014						
2015						
当年度						

様式例1-7　給与費のチェック表（その2）

	給与費(A)	売上高(B)	給与費の売上高比(A／B)	粗利益(C)	給与費の粗利益比(A／C)	営業利益(D)	給与費の営業利益比(A／D)
2011							
2012							
2013							
2014							
2015							
当年度							

(参考) 給与費管理規程

給与費管理規程

(総則)
第1条 この規程は、正社員の給与費の管理について定める。
2 この規程において、給与費とは、社員に支給する所定内給与（基本給、諸手当）の総額をいう。
(管理年度)
第2条 給与費の管理年度は、4月1日から翌年3月31日までの1年とする。
(管理責任者)
第3条 給与費の管理責任者は、人事部長とする。
2 人事部長を欠くとき、または事故あるときは、次の者が次の順序で管理責任者となる。
　(1) 人事部次長
　(2) 人事課長
(給与費予算の作成)
第4条 人事部長は、毎年度、給与費予算を作成し、社長の承認を得なければならない。
(給与費予算の作成基準)
第5条 給与費予算は、次の事項を総合的に勘案して作成しなければならない。
　(1) 当年度の経営計画
　(2) 在籍人員の見込み
　(3) 定期昇給額の見込み
　(4) 昇進・昇格者の見込み
　(5) 前年度の給与費の実績
　(6) その他必要事項
(部門長との協議)
第6条 人事部長は、給与費予算の作成に当たっては、各部門の長と十分協議しなければならない。
(給与費予算の執行)
第7条 人事部長は、給与費予算について社長の承認を得たときは、次のものを誠実に遵守して、これを適正に執行しなければならない。
　(1) 金銭出納規程その他の経理諸規程
　(2) 業務分掌
　(3) 職務権限規程

(4)　労働基準法の定め
（流用の禁止）
第8条　人事部長は、給与費予算について、次のことをしてはならない。
　(1)　給与費予算を給与以外のために流用すること
　(2)　給与費予算以外の予算を給与のために流用すること
（給与費予算の月間支出計画）
第9条　人事部長は、毎月10日までに翌月の給与費支出計画を作成し、これを社長に提出してその承認を得なければならない。
（社長への経過報告）
第10条　人事部長は、社長に対し、給与費予算の執行状況を適宜適切に報告しなければならない。
（給与費予算の修正）
第11条　人事部長は、年度の途中において次の事情が生じたときは、必要に応じて給与費修正予算を作成し、社長の承認を得なければならない。
　(1)　当初の見込みよりも業績が変化したとき、または変化することが見込まれるとき
　(2)　人員に大きな増減が生じたとき
　(3)　給与に関する法令が改正されたとき
　(4)　その他給与予算を修正すべき事情が生じたとき
（文書等の保存）
第12条　人事部長は、個人の給与および給与費を記載または記録した文書・媒体を「文書等保存規程」に定める期間、完全な形で保存しておかなければならない。
２　保存期間が経過した文書・媒体を廃棄し、または消却するときは、それに記載または記録されている情報が漏えいすることのないようにしなければならない。
（決算報告）
第13条　人事部長は、給与費管理年度が終了したときは、遅滞なく給与費予算の決算を行い、その結果を社長に報告しなければならない。
２　決算と予算との間に差異が生じたときは、その原因を分析し、その結果を報告しなければならない。
（付則）
この規程は、〇〇年〇〇月〇〇日から施行する。

（様式1）給与費予算承認願

〇〇年〇〇月〇〇日

取締役社長殿

人事部長

　　　　　〇〇年度給与費予算について（伺い）

1　人員

(1)　総括表

項目	計画	前年度実績	前年度比	備考
期首人員				
採用者数				
退職者数				
期中平均人員				
期末人員				

(2)　部門別表（期中平均人員）

部門	計画	前年度人員	前年度比	備考
計				

2　給与費

(1)　総括表

項目	予算	前年度実績	前年度比	備考
社員				
役職者				
計				

(2) 部門別表

部門	予算	前年度実績	前年度比	備考
計				

以上

(様式2) 給与費予算月間支出計画承認願

〇〇年〇〇月〇〇日

取締役社長殿

人事部長

給与費予算の月間支出計画について（〇〇年〇〇月）（伺い）

	支出予定額	前月支出額	前月比	備考
社員				
役職者				
計				

以上

(様式3) 給与費予算の修正承認願

〇〇年〇〇月〇〇日

取締役社長殿

人事部長

〇〇年度給与費予算の修正について（伺い）

	修正予算	当初予算	当初予算との増減	修正理由
社員				
役職者				
計				

以上

(様式4) 給与費決算報告書

〇〇年〇〇月〇〇日

取締役社長殿

人事部長

〇〇年度給与費予算の決算について（報告）

1　人員

(1)　総括表

項目	実績	計画	計画比	備考
期首人員				
採用者数				
退職者数				
期中平均人員				
期末人員				

(2) 部門別表（期中平均人員）

部門	実績	計画	計画比	備考
計				

2　給与費

(1) 総括表

項目	決算	予算	予算比	備考
社員				
役職者				
計				

(2) 部門別表

部門	決算	予算	予算比	備考
計				

第1章 給与の決め方と給与費の管理方法

付表1　給与費と人員との対比表

	給与費(A)	給与費の対前年度比	総人員(B)	総人員の対前年度比	1人当たり給与費(A／B)	1人当たり給与費の対前年度比
2011						
2012						
2013						
2014						
2015						
当年度						

付表2　給与費と売上・利益との対比表

	給与費(A)	売上高(B)	給与費の売上高比(A／B)	粗利益(C)	給与費の粗利益比(A／C)	営業利益(D)	給与費の営業利益比(A／D)
2011							
2012							
2013							
2014							
2015							
当年度							

以上

第2章
時間外勤務手当費の決め方と管理方法

1 時間外勤務手当の計算方法

(1) 時間外勤務と手当

　1日8時間を超える勤務を「時間外勤務」(時間外労働・残業)という。

　仕事がきわめて忙しいときや、人手が足りないとき、あるいは終業時刻間際に取引先から急に仕事が飛び込んできたときなどは、社員に時間外勤務を命令せざるを得ない。

　会社は、人件費をできる限り低く抑えるために社員数を絞っているから、どこの職場でも多かれ少なかれ時間外勤務が日常的・恒常的に行われている。1年を通して時間外勤務がなく、社員は全員定時に退社するという会社は、きわめて少ないであろう。

　労働基準法は、「社員に時間外勤務をさせたときは、勤務させた時間数に応じて時間外勤務手当(時間外労働手当・残業代)を支払わなければならない」(第37条第1項)と定めている。

(2) 時間外勤務手当の計算式

　時間外勤務手当は、月給制の場合、「所定内給与(基本給＋諸手当)」を「1ヶ月の所定勤務時間数」で割り、それに「割増率」を掛けることによって計算することになっている。

　「所定内給与」には、図表2－1に掲げるものは含めなくてもよい

ことになっている。

また、「1ヶ月の所定勤務時間数」は、本来的にその月の勤務時間数を使用することになっている。しかし、所定勤務時間数は月によって変動するため、1年を平均した1ヶ月平均勤務時間数を便宜的に使用することが認められている。この場合、1ヶ月平均勤務時間数は、次の算式で計算する。

　1ヶ月平均勤務時間数＝（365－年間所定休日）×1日の所定勤務時間／12

「割増率」は、25％である（1ヶ月60時間を超える部分については、50％）。

図表2－1　時間外勤務手当の計算において、所定内給与に含めなくてもよいもの

① 家族手当
② 通勤手当
③ 別居手当
④ 子女教育手当
⑤ 住宅手当
⑥ 臨時に支払われる賃金
⑦ 1ヶ月を超える期間ごとに支払われる賃金（賞与等）

(3) 住宅手当の取扱い

時間外勤務手当の計算において、住宅手当は所定内給与から除外することが認められている。しかし、「住宅手当」という名称で支給されていれば、どのような住宅手当でも除外できるというわけではない。除外できるのは、「住宅に要する費用に応じて算定される手当」に限られている。

具体的には、

・住宅に要する費用に定率を乗じた額を支給するもの（例えば、賃

貸住宅居住者には家賃の一定割合、持ち家居住者にはローン月額の一定割合を支給するもの）
　・住宅に要する費用を段階的に区分し、費用が増えるにしたがって額を多くするもの（例えば、家賃月額5～10万円の者には2万円、家賃月額10万円を超える者には3万円を支給するもの）

である（平成11・3・31、基準発第170号）。

　住宅手当の支給実態をみると、
　・住宅の形態ごとに一律に定額で支給する
　・住宅以外の要素（例えば、扶養家族の有無）に応じて定率または定額で支給する
　・全員に一律に定額を支給する

などの方式を採用している会社が圧倒的に多い。このような会社は、時間外勤務手当の計算において、住宅手当を所定内給与から除外することはできない。

(4) 役職者の取扱い

　課長以上の役職者は、一般的に、使用者と一体となって社員の労務管理を行う立場にあるから、労働基準法の勤務時間、休憩および休日の規定は適用されない。したがって、これらの者については、時間外勤務手当を支給しなくても差し支えない。

2 時間外勤務手当費の管理と予算制度──

(1) 増加する時間外勤務手当費

　業務を円滑に進めていくうえで、時間外勤務（休日勤務を含む。以下、同じ）は必要不可欠である。しかし、時間外勤務手当の支給総額は、とかく過大になりがちである。売上や営業利益の伸び率以上に時間外勤務手当の支給総額が増加しがちである。

　経営の健全性・安定性を維持するためには、時間外勤務手当費を適切に管理することが必要である。いいかえれば、時間外勤務手当の支給総額を適切に管理しなければ、厳しい経営環境の中で、経営の健全性・安定性を確保することは難しい。

　また、いくら合理的な給与制度を整備しても、時間外勤務の管理がルーズで、手当の支給額がいたずらに増大していくのでは、まったく意味がない。

　時間外勤務手当費を合理的に管理するため、予算制度を適用することが望ましい。すなわち、あらかじめ1年間の業務量の見通しに基づいて時間外勤務時間数を予測し、時間外勤務手当の支払予定額を算定する。そして、実際の時間外勤務手当の支払総額がその枠内で収まるように管理していく。

　予算制度を実施するときは、予算管理の責任者を決めておく。一般的には、

　・人事部長が総括管理を行う
　・各部門の長が部門の管理を行う

という態勢を採用するのが現実的である。

(2) 時間外勤務手当費予算制度の実施手順

① 各部門による時間外勤務計画の作成

時間外勤務（休日勤務を含む。以下、同じ）は、業務と密接に結びついている。業務の量が多ければ時間外勤務時間数も多くなる。

「年間を通してどれくらいの時間外勤務が必要になるか」を最もよく知る立場にあるのは、現場の責任者（役職者）である。そこで、各部門の長に対して、年間の時間外勤務時間の計画を立てて人事部に報告するように求める。

各部門の長は、
- トップから指示された年間の業務目標
- 部門の人員
- 前年度の時間外勤務時間の実績

などを踏まえて、年間の時間外勤務時間数の見込値を算出する。そして、その時間数を人事部長に届け出る（様式例2－1）。

様式例2－1　人事部への時間外勤務計画届

	時間外勤務時間数(計画)	前年度実績	前年度比	備考
4月				
5月				
6月				
7月				
8月				
9月				
10月				
11月				
12月				
1月				
2月				
3月				
計				

（注）部員1人当たりの1ヶ月平均時間外勤務時間数。休日勤務時間数を含む。

② 時間外勤務手当予算表の作成

　人事部では、各部門から報告された時間外勤務時間数の計画値をもとにして、その部門の年間の時間外勤務手当の総額を算定する。

　　　各部門の時間外勤務手当＝その部門の年間時間外勤務時間数×その部門の社員の平均時間給×1.25

　例えば、A事業所（人員20人、平均時間給1,600円）の場合、
　（年間の時間外勤務時間数）20人×1人月間平均20時間×12ヶ月＝4,800時間
（時間当たり勤務時間手当）1,600円×1.25＝2,000円
とする。この事業所の年間勤務時間手当予算は、次のように計算される。
　（A事業所の年間時間外勤務予算）4,800時間×2,000円
　　　　　　　　　　＝9,600,000円

　各部門の金額を積み上げて、会社全体の時間外勤務手当費予算を算定する（様式例2－2）。

様式例2-2　時間外勤務手当費予算

1　総括表

項目	予算	前年度実績	前年度比	備考
時間外勤務時間数				
時間外勤務手当費				

2　部門別表

部門	時間外勤務時間数	前年度比	時間外勤務手当費	前年度比	備考
計					

（注）① 時間外勤務時間数は、1人当たりの1ヶ月平均時間外勤務時間数。休日勤務時間数を含む。
　　　② 時間外勤務手当は、支給総額。

③　部門の時間外勤務計画の修正

　部門の業務をめぐる環境に変化が生じることがある。例えば、トップから「販売が予想以上に好調なので生産を20％増加せよ」という指示が出されることがある。

　このように、当初予定していた業務環境に大きな変化が生じたときは、部門長は、当初の時間外勤務計画を修正し、その修正内容を人事部に届け出る（様式例2-3）。

様式例2-3　人事部への時間外勤務計画の修正届

	時間外勤務時間数(修正)	当初の時間数	当初比	備考
4月				
5月				
6月				
7月				
8月				
9月				
10月				
11月				
12月				
1月				
2月				
3月				
計				

(注)部員1人当たりの1ヶ月平均時間外勤務時間数。休日勤務時間数を含む。

④　時間外勤務手当費予算の修正

　人事部は、部門から時間外勤務計画の修正の申出があったときは、会社全体の時間外勤務予算を修正する（様式例2-4）。

様式例2-4　時間外勤務手当費修正予算

1　総括表

項目	修正予算	当初予算	当初予算比	備考
時間外勤務時間数				
時間外勤務手当費				

2　部門別表

部門	時間外勤務時間数(修正)	当初計画比	時間外勤務手当費(修正)	当初予算比	備考
計					

（注）①　時間外勤務時間数は、1人当たりの1ヶ月平均時間外勤務時間数。休日勤務時間数を含む。
　　　②　時間外勤務手当は、支給総額。

⑤　時間外勤務手当費予算の決算

　予算年度が終了したときは、決算を行う（様式例2-5）。

　実際の支給額が予算の範囲内で収まったかどうかを検証する。予算との間に差異が生じたときは、その原因を究明し、次年度の予算管理に活かすこととする。

⑥　時間外勤務手当費の適正性のチェック

　正社員については、「期間の定めのない雇用」が一般的となっている。

仕事の量が減少したからといって、正社員を解雇することは認められていない。このため、終身雇用の下では、ある程度の時間外勤務が発生するのは避けられない。

　時間外勤務手当は、「コスト」である。したがって、時間外勤務手当費の増加は、経営にとって好ましいものではない。

　会社としては、時間外勤務手当費の適正性を常にチェックすることが望ましい。

　チェックポイントの1つは、社員数との関係である。時間外勤務時間数が仕事の量に比例して増えるのはやむを得ないが、社員数が増えているのに増加するのは問題である。

　2つ目のチェックポイントは、売上高との関係である。時間外勤務手当費はコストであるから、売上高の増加率以上のテンポで増加するのは好ましいことではない。時間外勤務手当費が売上高の増加率以上のテンポで増加すると、それだけ利益が減少してしまう。経営のためには、時間外勤務手当費の増加率を売上高の増加率以下に抑えるのが望ましい（様式例2－5、様式例2－6）。

　チェックの結果、
　・時間外勤務時間の増加率が社員数の増加率を上回る
　・時間外勤務手当費の増加率が売上高の増加率を上回る
という状況が、2，3年続いたときは、業務の抜本的な見直し、パートタイマーの雇用拡大など、時間外勤務を抑制するための措置を講ずる必要がある（図表2－2）。

様式例2−5　時間外勤務時間数のチェック表

	1人1ヶ月平均の時間外勤務時間数	増加率	社員数	増加率
3年前の年度				
前前年度				
前年度				

様式例2−6　時間外勤務手当費のチェック表

	時間外勤務手当費	増加率	売上高	増加率
3年前の年度				
前前年度				
前年度				

図表2-2 時間外勤務時間数削減対策

	内容
みなし労働時間制の適用	営業など、みなし労働時間制の適用が認められている業務にみなし労働時間制を適用する。
勤務時間帯の繰り下げ	業務量の多い時間帯に勤務時間帯を繰り下げる。
変形労働時間制の導入	日による業務量の変動に対応して、1ヶ月変形勤務時間制を導入する。
ノー残業デーの実施	1週間に1日程度、定時に退社する制度を実施する。
時間外勤務時間数の上限目標の設定	1ヶ月の時間外勤務時間数の上限目標を設け、その枠内で業務を処理するよう、社員に協力を求める。
パートタイマーの雇用拡大	パートの雇用を拡大し、補助的・定型的な業務を処理させ、正社員の負担を軽減する。
業務の計画的処理	あらかじめ1週または1ヶ月の業務計画を作成して、業務を計画的に処理するよう、社員に指示する。
業務内容の抜本的な見直し	業務内容を抜本的に見直し、必要性の少ない業務を排除したり、外注できる業務は外注したりする。
時間外勤務時間削減対策委員会の設置	中堅社員等から構成される委員会を設置し、時間外勤務を削減するための具体的・現実的な対策を検討させる。

(参考) 時間外勤務手当費管理規程

時間外勤務手当費管理規程

(総則)
第1条 この規程は、時間外勤務手当費(休日勤務手当費を含む)の管理について定める。
(管理年度)
第2条 時間外勤務手当費の管理年度は、4月1日から翌年3月31日までの1年とする。
(管理責任者)
第3条 時間外勤務手当費については、人事部長を総括管理責任者、部門長を部門の管理責任者とする。
(部門の時間外勤務計画の作成)
第4条 部門長は、毎年度、部門の時間外勤務計画を作成し、これを人事部長に提出しなければならない。
2 部門の時間外勤務計画は、次の事項を踏まえて作成しなければならない。
 (1) 部門の業務計画
 (2) 社員数
 (3) 前年度の実績
 (4) その他
(時間外勤務手当費予算の作成)
第5条 人事部長は、各部門長から提出された時間外勤務計画をもとに会社全体の時間外勤務手当費予算を作成し、社長の承認を得なければならない。
(時間外勤務計画の修正)
第6条 部門長は、次の場合には、必要に応じて時間外勤務計画を修正し、これを人事部長に提出しなければならない。
 (1) 業務の量が著しく増減したとき
 (2) 新規業務を取り扱うようになったとき
 (3) 業務の処理方法が変更になったとき
 (4) 人員が著しく増減したとき
 (5) その他時間外勤務計画を変更する必要が生じたとき
(時間外勤務手当費予算の修正)
第7条 人事部長は、各部門長から時間外勤務計画の修正届が提出されたときは、時間外勤務手当費修正予算を作成し、社長の承認を得なければならない。
(時間外勤務手当費予算の執行)

第8条　人事部長および各部門長は、次の事項を誠実に遵守して時間外勤務手当費予算を適正に執行しなければならない。
 (1)　金銭出納規程その他の経理諸規程
 (2)　業務分掌
 (3)　職務権限規程
 (4)　関係法令
（決算報告）
第9条　人事部長は、年度が終了したときは、時間外勤務手当費予算の決算を行い、その結果を社長に報告しなければならない。
2　実績と予算との間に差異が生じたときは、その原因を分析し、その結果を報告しなければならない。
（付則）
この規程は、○○年○○月○○日から施行する。

(様式1) **人事部への時間外勤務計画届**

○○年○○月○○日

人事部長殿

○○部長

○○年度の時間外勤務計画届

	時間外勤務時間数	前年度実績	前年度比	備考
4月				
5月				
6月				
7月				
8月				
9月				
10月				
11月				
12月				
1月				
2月				
3月				
計				

(注) 部員1人当たりの1ヶ月平均時間外勤務時間数。休日勤務時間数を含む。

以上

(様式2) 時間外勤務手当費予算承認願

○○年○○月○○日

取締役社長殿

人事部長

○○年度時間外勤務手当費予算について（伺い）

1 総括表

項目	予算	前年度実績	前年度比	備考
時間外勤務時間数				
時間外勤務手当				

2 部門別表

部門	時間外勤務時間数	前年度比	時間外勤務手当	前年度比	備考
計					

(注) ① 時間外勤務時間数は、1人当たりの1ヶ月平均時間外勤務時間数。休日勤務時間数を含む。
② 時間外勤務手当は、支給総額。

以上

(様式３）人事部への時間外勤務計画の修正届

〇〇年〇〇月〇〇日

人事部長殿

〇〇部長

〇〇年度の時間外勤務計画の修正届

	時間外勤務時間数(修正)	当初の時間数	当初比	備考
4月				
5月				
6月				
7月				
8月				
9月				
10月				
11月				
12月				
1月				
2月				
3月				
計				

（注）　時間外勤務時間数は、部員１人当たりの１ヶ月平均時間外勤務時間数。休日勤務時間数を含む。

（様式４）時間外勤務手当費予算の修正承認願

〇〇年〇〇月〇〇日

取締役社長殿

人事部長

〇〇年時間外勤務手当費予算の修正について（伺い）

1　総括表

項目	修正予算	当初予算	当初予算比	備考
時間外勤務時間数				
時間外勤務手当				

2　部門別表

部門	修正時間外勤務時間数	当初予算比	修正時間外勤務手当	当初予算比	備考
計					

（注）　①　時間外勤務時間数は、１人当たりの１ヶ月平均時間外勤務時間数。休日勤務時間数を含む。
　　　　②　時間外勤務手当は、支給総額。

以上

(様式5)時間外勤務手当費予算の決算報告書

〇〇年〇〇月〇〇日

取締役社長殿

人事部長

〇〇年時間外勤務手当費予算の決算について(報告)

1 総括表

項目	実績	予算	予算比	備考
時間外勤務時間数				
時間外勤務手当				

2 部門別表

部門	時間外勤務時間数	予算比	時間外勤務手当	予算比	備考
計					

(注) ① 時間外勤務時間数は、1人当たりの1ヶ月平均時間外勤務時間数。休日勤務時間数を含む。
　　 ② 時間外勤務手当は、支給総額。

付表1　時間外勤務時間数の推移

	1人1ヶ月平均の時間外勤務時間数	増加率	社員数	増加率
2011				
2012				
2013				
2014				
2015				
当年度				

付表2　時間外勤務手当費の推移

	時間外勤務手当費	増加率	売上高	増加率
2011				
2012				
2013				
2014				
2015				
当年度				

以上

第3章 賞与の決め方と賞与費の管理方法

1 個人別支給額の決め方

(1) 主な賞与算定式

賞与については、
① 毎年、夏季と年末の2回、定期的に支給される
② 社員一人当たりの支給額が給与の数ヶ月分に及び、重要な労働条件となっている
③ 支給総額が相当の額に達する
④ 支給原資が制限されている

などの性格がある。このため、一定の合理的な算定基準（算定式）を定め、その基準に基づいて算定することが望ましい。

合理的で統一した支給基準が定められていないと、支給額が経営者や役職者の個人的な思惑や好き嫌いや、あるいはそのときの感情で恣意的に決められることになり、社員に不信感を与える。

現在、各社で採用されている主な算定式を示すと、図表3-1のとおりである。

これらのうち、採用率が高いのは、次の3つである。
・基礎給×平均支給月数×出勤率＋人事考課分
・基礎給×平均支給月数×出勤率＋人事考課分＋定額・定率加算
・基礎給×平均支給月数×出勤率×人事考課係数

第3章　賞与の決め方と賞与費の管理方法

図表3-1　個人別支給額の算定式

①	基礎給×平均支給月数×出勤率
②	基礎給×平均支給月数×出勤率＋人事考課分
③	基礎給×平均支給月数×出勤率＋定額（定率）加算
④	基礎給×平均支給月数×出勤率＋人事考課分＋定額・定率加算
⑤	基礎給×平均支給月数×出勤率×人事考課係数
⑥	基礎給×平均支給月数×出勤率×人事考課係数＋定額・定率加算
⑦	基礎給×平均支給月数×部門別業績係数×出勤率
⑧	基礎給×平均支給月数×部門別業績係数×出勤率＋人事考課分
⑨	基礎給×平均支給月数×部門別業績係数×出勤率×人事考課係数

（注）1　基礎給とは、基本給または所定内給与（基本給＋諸手当）をいう。
　　　2　平均支給月数＝賞与支給総額／支給対象者の基礎給の総和

(2)　**主な算定式の解説**

①　基礎給×平均支給月数×出勤率＋人事考課分

　これは、「基礎給」（基本給または所定内給与）と「平均支給月数」と「出勤率」とを掛けて得られる金額に、人事考課分を上積みすることによって、各人の支給額を算定するというものである。人事考課を支給額に反映させるところに、この算定方式の大きな特徴がある。

　人事考課分は、人事考課の結果に基づいて決める。決め方には、

　・一定の幅（加算の上限、減額の上限）を設ける

　・役職の有無別に一定の幅を設ける

　・資格等級別に一定の幅を設ける

　・人事考課の区分ごとに決める

　・役職の有無別、かつ、人事考課の区分ごとに決める

などがある（図表3-2）。

　この算定式を使用する場合、「一律支給分（基礎給×標準支給月数×出勤率で算定される額）と人事考課分との割合をどのようにするか」が実務上の大きなポイントとなる。

この点について、「人事考課分の割合を大きくして、業績への貢献度のメリハリを付けるのがよい」という意見がある。たしかに、そのような意見にも、一理はある。しかし、人事考課分の割合を大きくすると、社員は、「自分の考課分は少ないであろう」という不安を持つ。「自分の人事考課分は多いであろう」と楽観的に考える社員もいるであろうが、一般的にそのような楽観社員は少ないであろう。

　社員に不安を与えるのは良くない。また、人事考課分の割合を多くすると、職場の一体感・連帯意識が失われる可能性がある。

　一般的にいえば、賞与支給分に占める人事考課分の割合は、一般社員の場合は20～30％程度、役職者の場合は30～40％程度とするのが適切であろう（図表3－3）。

図表3－2　人事考課分の決め方

決め方	例
①一定の幅を設ける	人事考課の結果により、基本給の2ヶ月分を上限に加算し、1ヶ月分を下限に減額する
②役職の有無別に一定の幅を設ける	人事考課の結果により、一般社員については、基本給の1ヶ月分を上限に加算し、0.5ヶ月分を下限に減額する。役職者については、2ヶ月分を上限に加算し、1ヶ月分を下限に減額する。
③資格等級別に一定の幅を設ける	人事考課の結果により、加算または減額する。ただし、加算の上限は、次のとおり。 資格等級1～3級　　基本給の1ヶ月分 資格等級4～6級　　基本給の1.5ヶ月分 資格等級7～9級　　基本給の2ヶ月分 減額の下限は、次のとおり。 資格等級1～3級　　基本給の0.5ヶ月分 資格等級4～6級　　基本給の0.7ヶ月分 資格等級7～9級　　基本給の1ヶ月分

④人事考課の区分ごとに加算額を決める	S評価（最高） A評価 B評価（標準） C評価 D評価（最低）	0.7ヶ月分加算 0.5ヶ月分加算 0.3ヶ月分加算 ゼロ 0.5ヶ月分減額
⑤役職の有無別、かつ、人事考課の区分ごとに決める	（一般社員） S評価（最高） A評価 B評価（標準） C評価 D評価（最低） （役職者） S評価（最高） A評価 B評価（標準） C評価 D評価（最低）	 0.7ヶ月分加算 0.5ヶ月分加算 0.3ヶ月分加算 0.1ヶ月分加算 ゼロ 1ヶ月分加算 0.5ヶ月分加算 0.3ヶ月分加算 0.2ヶ月分減額 0.5ヶ月分減額

図表3－3　一律支給分と人事考課分との割合

	一律支給分	人事考課分	計
社員	70～80％程度	20～30％程度	100％
役職者	60～70％程度	30～40％程度	100％

＜算定例＞

例えば、人事考課分が次のように決められているとする。

　　S評価（最高）　　0.7ヶ月分
　　A評価　　　　　　0.5ヶ月分
　　B評価（標準）　　0.3ヶ月分
　　C評価　　　　　　0.1ヶ月分
　　D評価（最低）　　ゼロ

また、基礎給として基本給を使用し、標準支給月数を2ヶ月とする。この場合、基本給30万円、出勤率98％で、人事考課がB評価の社員の支給額は、次のように算定される。

（賞与支給額）30万円×2.0×0.98＋30万円×0.3＝678,000円
ある調査によると、この算定方式を採用している会社が最も多い。

② 基礎給×平均支給月数×出勤率＋人事考課分＋定額・定率加算

これは、「基礎給」（基本給または所定内給与）と「平均支給月数」と「出勤率」とを掛けて得られる金額に、人事考課分と定額（定率）分とを上積みすることによって、各人の支給額を算定するというものである。

「基礎給×平均支給月数」という式で標準支給額を算定したうえで、人事考課分と定額または定率分を加算するところに、この算定式の特徴がある。

人事考課分は、社員一人ひとりについて、算定期間中の勤務態度および勤務成績（仕事の量、仕事の質）を評価して決める。

定額・定率分の決め方には、
・部門の業績を基準として決める
・個人の業績を基準として決める
・職種ごとに決める
などがある。

〈算定例〉

例えば、基礎給として基本給を使用し、平均支給月数を2ヶ月とする。この場合、基本給30万円、出勤率98％で、かつ、人事考課分10万円、定額加算5万円の社員の支給額は、次のように算定される。

（賞与支給額）30万円×2.0×0.98＋10万円（人事考課分）＋5万円（定額加算）＝738,000円

この方式には、
① 人事考課分を加算することにより、勤務態度や勤務成績（仕事の量、仕事の質）が良好であった社員に報いることができる

② 部門または個人の業績や職務内容などに配慮できる

などのメリットがある。

このため、この算定方式を採用している会社もかなり多い。

③ 基礎給×平均支給月数×出勤率×人事考課係数

これは、「基礎給」(基本給または所定内給与)、「平均支給月数」、「出勤率」および「人事考課係数」を掛けて得られる金額を、各人の支給額とするというものである。

この算定式は、人事考課の結果を一定の数値(人事考課係数)に転換し、その係数を「基礎給×平均支給月数」で算定される標準支給額に掛けるところに大きな特徴がある。

人事考課係数の決め方には、

・全社員一律に決める

・社員と役職者とに区分して決める

などがある(図表3−4)。

この算定方式においては、「人事考課係数を具体的にどのように決めるか」が最大のポイントとなる。係数の決め方によっては、社員の支給額に大きな格差が生じる。

考課係数は、次の事項を十分に踏まえて決めることが望ましい。

・会社の業務の内容

・社員の職務の内容

・経営方針

・個人業績の把握の難しさ・やさしさ

・支給総額の大きさ、平均支給額

・役職者の人事考課能力

人事考課係数は、一般的に、図表3−5に示す程度に設定するのが適切であろう。

図表3-4　人事考課係数の決め方

	例	
全社員一律方式	S評価（最高） A評価 B評価（標準） C評価 D評価（最低）	1.2 1.1 1.0 0.9 0.8
役職の有無別方式	（一般社員） S評価（最高） A評価 B評価（標準） C評価 D評価（最低） （役職者） S評価（最高） A評価 B評価（標準） C評価 D評価（最低）	 1.2 1.1 1.0 0.95 0.9 1.3 1.15 1.0 0.8 0.7

図表3-5　人事考課係数の適正値

	社　　員	役　職　者
S評価（最高）	1.2～1.3程度	1.3～1.4程度
A評価	1.1～1.2程度	1.2～1.3程度
B評価（標準）	1.0	1.0
C評価	0.85～0.9程度	0.8～0.85程度
D評価（最低）	0.8～0.85程度	0.7～0.8程度

〈算定例〉

　例えば、人事考課係数が次のように決められているとする。

S評価（最高）	1.2
A評価	1.1
B評価（標準）	1.0
C評価	0.9
D評価（最低）	0.8

また、基礎給として基本給を使用し、平均支給月数を2ヶ月とする。この場合、基本給30万円、出勤率98％で、人事考課がA評価の社員の支給額は、次のように算定される。

（賞与支給額）30万円×2.0×0.98×1.1＝646,800円

この方式には、「人事考課係数を使用することにより、支給額にメリハリを付けることができる」というメリットがある。このため、この算定方式を採用している会社もかなり多い。

(3) 基礎給の取扱い

賞与の個人別支給額の算定においては、

・基本給を基準とするか

・それとも、所定内給与（基本給＋諸手当）を基準とするか

がポイントとなる。

周知のように、基本給は、月例給与の基本的部分を形成するものである。一般的には、年齢、勤続年数、職務遂行能力、職務内容などを総合的に評価して決められるが、会社の中には、職務遂行能力を基準として決めているところもある（職能給）。

これに対して、基本給に各種の手当（家族手当、住宅手当、役付手当、営業手当その他）をプラスしたものを「所定内給与」（基準内給与）という。

　　所定内給与＝基本給＋諸手当

賞与は、基本的に「業績の還元」「成果の配分」ととらえるべきものである。一定の時間、あるいは一定の日数働いたことの対価として支給されるものではない。このため、賞与の支給額の決定に当たっては、「どれだけ会社の業績に貢献したか」「どれだけ会社の成果に寄与したか」を重視すべきである。

職務内容や職務遂行能力に関係するのは、基本給である。このため、

基本給を基礎として各人の賞与の支給額を算定するのが合理的である。

所定内給与を賞与の算定基礎とするときは、家族手当、住宅手当、地域手当、別居手当（単身赴任手当）などの、職務に関係のない手当は除外すべきである（図表3－6）。

図表3－6　所定内給与に含めるべき手当と除外すべき手当

含めるべき手当	除外すべき手当
営業手当、裁量労働手当、特殊作業手当、屋外作業手当、自動車運転手当、役付手当、繁忙手当、交替勤務手当、出向手当、その他職務と関係のあるもの	家族手当（扶養手当）、子ども手当、住宅手当、地域手当（都市手当）、寒冷地手当、別居手当（単身赴任手当）、食事手当、通勤手当、携帯電話手当、その他職務と関係のないもの

2 賞与の取扱い方

　賞与の支給については、個人別支給額の算定方式のほか、あらかじめ次の事項を決める必要がある。

(1) 賞与の算定期間

　賞与を夏季、年末、あるいは決算時に定期的に支給するときは、その算定期間（計算期間）をあらかじめ明確にしておくことが必要である。算定期間が合理的に決められていないと、経営の合理性、人事管理・人件費管理の合理性が失われることになる。

　算定期間は、具体的に定めなければならない。

　夏季および年末に定期的に支給するときは、例えば、

　夏季賞与＝前年12月1日〜当年5月31日

　年末賞与＝6月1日〜11月30日

というように定める。

　そして、算定期間中の業績（売上、営業利益、経常利益など）に基づいて賞与の支給総額（支給原資）を決定する。

　算定期間と支給日との間にどの程度の間隔を設けるかは、各社の自由な判断に委ねられている。

　労働基準法は、「賃金は、毎月1回以上、一定の期日を定めて支払わなければならない。ただし、臨時に支払われる賃金、賞与その他これに準ずるもので厚生労働省令で定める賃金については、この限りでない」（第24条第2項）と定め、賞与の支給日については特に指定していない。

(2) 賞与の支給総額

　賞与は、「業績の還元」「成果の配分」として支給するものである。

したがって、賞与の支給総額（支給原資）は、基本的に、算定期間中の業績を重視して決定するのが合理的である。

業績が良好であったときは、支給総額を多くして社員の貢献や努力に報いる。売上が好調で、多額の利益が生じているにもかかわらず、支給総額を少なめにすると、「会社は、社員の貢献や努力を正しく評価していない」「会社は、社員への思いやりに欠けている」として、経営への信頼感が低下する。

これに対して、業績があまり芳しくなかったときは、支給総額を抑制する。

業績が良くないにもかかわらず、賞与の支給総額を多めに決めると、人件費負担が重くなり、経営基盤が弱体化する。

さらに、賞与の支給には相当多額の資金が必要になるから、資金繰りにも配慮しなければならない。

このほか、
・賞与の支給実績
・労働組合の要求
・同業他社の動向

などにも、一定の配慮をするのが望ましい（図表３－７）。

とりわけ、過去の支給実績への配慮は必要である。

なお、賞与の支給総額については、業績と直接的に連動させて決定する仕組み（業績連動型の賞与制度）もある（第４節を参照）。

図表3－7　賞与の支給総額の決定に当たって勘案すべき事項

① 業績（売上、利益）の現状
② 景気の動向と業績の見込み
③ 資金繰り
④ これまでの賞与の支給実績
⑤ 労働組合・社員組合の要求
⑥ 同業他社の賞与の支給動向
⑦ その他

(3) **賞与の支給対象者**

① 業績への貢献と勤務期間

　社員は、日常の仕事を通じて会社の業績に貢献する義務を負っている。

　営業業務に携わる社員は、営業活動を通して会社の業績に貢献すべき義務がある。生産業務を行う社員は、生産業務を通して会社に貢献すべき義務を負っている。

　会社では、さまざまな業務が行われているが、どのような業務であっても、その業務を通じて業績に貢献するためには、一定の期間勤務して仕事の知識・技術または技能を習得し、仕事に従事することが必要である。

　このため、算定期間を通じて一定の期間勤務した者に支給するのが合理的・説得的である。

　例えば、夏季賞与の場合であれば、「夏季賞与の算定期間である前年12月1日～当年5月31日において、3分の2（あるいは2分の1、あるいは100日）以上勤務した者」を支給対象者とする。

　また、年末賞与の場合であれば、「年末賞与の算定期間である6月1日～11月30日において、3分の2（あるいは2分の1、あるいは100日）以上勤務した者」を支給対象者とする。

② 支給日に在籍していること

　賞与の算定期間中は在籍していても、その後に退職し、支給日には在籍していないというケースが出ることがある。

　例えば、夏季賞与の算定期間を「前年12月1日〜5月31日」、支給日を「6月20日」とした場合、5月末日までは勤務していたが、その後個人的な事情で退職し、6月20日には在籍していないというケースである。

　賞与は、給与とは別に支給されるもので、かつ、賞与を支給するかしないかは、本来的に会社の自由に委ねられている。

　毎月の給与は、「労働の対価」であるから、社員から労働の提供を受けたときは、その日数のいかんにかかわらず、会社は、社員に対して給与を支払う義務がある。しかし、賞与は、労務提供の対価として支給されるものではないので、どのような者に支給するかは、会社の判断で決めることができる。

　一般的に、支給日に在籍していない者に賞与を支給することについて、在籍社員は、多かれ少なかれ抵抗感を抱くであろう。また、一般に、会社が賞与の支給原資として用意できる金額は限られている。このため、支給日に在籍していない者に対しては、賞与を支給しないことにするのが妥当であろう。

　なお、支給日に在籍していない者に対しては賞与を支給しないことにするときは、就業規則（賃金規程）において、「賞与の支給日に在籍していない者に対しては、賞与を支給しない」と明記しておくべきである。

(4) 業績不振時の賞与の取扱い

　会社の業績は、常に良好であることが望ましい。売上が順調に伸び、それに伴って営業利益・経常利益も順調に増加していくことが理想で

ある。

　しかし、会社の意に反して業績が不振に陥ることがある。経営環境が激変して売上が減少し、利益を確保できなくなることもある。このような場合にこれまでどおりに賞与を支給していると、採算はさらに悪くなるとともに、資金繰りが悪化する。

　業績不振のときは、賞与についても危機対策を講じなければならない。具体的には、
- ・支給月数・支給額を大幅に減らす（支給総額の大幅カット）
- ・賞与に代えて、「特別手当」、「生活支援金」、あるいは「越冬資金」などの名目で定額を支給する
- ・賞与の支給を見送る

などのうち、いずれかの措置を講じる。

3 業績連動型賞与制度

(1) 業績連動型賞与制度の趣旨

① 業績連動型賞与制度とは

賞与の支給原資については、前年の支給実績、業績の現状と見通し、労働組合の要求、同業他社の動向などを総合的に判断して決定している会社が多い。

支給原資をどのような基準で決定するかは、もとより各社の自由である。しかし、賞与は、「労働の対価」である月次給与とは異なり、本来的に「業績の還元」「成果の配分」という性格を持つものである。したがって、賞与の支給原資は、本来的に業績と連動させて決定するのが合理的であろう。

賞与の支給原資の一部または全部を、業績と連動させて決定する制度を「賞与支給原資の業績連動制」または「業績連動型賞与制度」という。

② 業績連動型賞与制度のメリット

この制度は、支給原資の硬直化・固定化の防止、社員の経営参加意識の向上など、さまざまなメリットがある。

しかし、その反面において、問題点もある。例えば、業績が確定すると、自動的・機械的に賞与の支給総額が確定するので、経営の裁量権がそれだけ失われる。

経営者としては、現在の業績が良好であっても、「将来に備えて、賞与の支給額を抑制し、内部蓄積を充実させよう」という判断が働くこともある。しかし、業績連動型のもとでは、そのような判断を実現させることは大きく制約される（図表3－8）。

図表3-8 業績連動型賞与制度のメリットと問題点

メリット	問題点
○賞与の支給を成果主義型のものとし、社員のインセンティブの向上を図れる。 ○社員の経営参加意識を高めることができる。 ○賞与支給原資の変動費化を図れる。支給原資の硬直化・固定化を防止できる。 ○支給原資の合理化により経営基盤を強化できる。 ○賞与支給についての労使交渉の手間を省ける。	●業績によって支給額が左右されるので、社員に不安を与える。 ●経営の裁量権が制約される。

③ 対象社員の範囲

業績連動型賞与制度については、

・すべての社員を対象として行う

・役職者のみを対象として行う

・総合職に限定して実施する

などがある。

業績連動型賞与制度の大きな目的は、賞与の支給原資（支給総額）を業績に連動させて決めることにより、人件費負担の変動費化を図ることである。賞与の支給総額が固定化するのを防ぐことである。

このような目的を達成するためには、できる限り多くの社員を対象として実施するのが望ましい。

実際、この制度を実施している会社の大多数が「すべての社員を対象としている」としている。

(2) **業績指標（準拠指標）**

業績連動型賞与制度を実施するときは、支給総額算定の基礎となる

「業績指標」(準拠指標)を決めることが必要となる。

業績指標としては、主として、
- ・営業活動の成果に着目したもの
- ・会計上の利益に着目したもの(売上総利益、営業利益、経常利益、その他)
- ・キャッシュフローに着目したもの(キャッシュフロー)
- ・株主価値に着目したもの(ROA、ROE、その他)

などがある(図表3-9)。

業績指標は、経営方針を踏まえて決定すべきであるが、「一般の社員にとって分かりやすいもの」を選択することが重要である。なぜならば、賞与の支給額は、社員にとってきわめて関心が高いからである。一般の社員にとって分かりにくいもの、計算方式が複雑なものは、業績指標としてはあまり適当でない。

業績指標のうち、営業利益は、
- ・本業での利益を的確に示す指標である
- ・社員の成果が直接反映されるものである
- ・社員にとって分かりやすく納得性がある

などのメリットがある。

また、経常利益は、
- ・業績指標として広く採用されている
- ・社員にとって分かりやすく納得性がある

などのメリットがある。

このため、一般的には、営業利益または経常利益が採用されている。

図表3－9　業績指標

営業活動の成果に着目したもの	売上高、受注高
会計上の利益に着目したもの	売上総利益、営業利益、経常利益、税引後利益、その他
キャッシュフローに着目したもの	キャッシュフロー
株主価値に着目したもの	ＥＶＡ、ＲＯＡ、ＲＯＥ、その他

(3) 業績の算定期間と支給時期

業績の算定期間と支給時期を具体的に定める。

実務的には、次のような取扱いが考えられる。

① 夏季賞与、年末賞与とも、支給時期の直前６ヶ月の業績に応じて支給総額を算定する

② 夏季は暫定的に一定額を支給し、年末賞与の支給日の直前１年間の業績に応じて、年間賞与の支給総額を算定し、清算する

③ 前年度の業績に応じて支給総額を算定し、夏季と年末に支給する

賞与については、年２回、夏季と年末に支給するというのが広く定着している。また、業績の算定期間と支給日とは、できる限り近接していることが望ましい。

このため、「夏季賞与、年末賞与とも、支給時期の直前６ヶ月の業績に応じて支給総額を算定する」という方式を採用している会社が圧倒的に多い。

(4) 最低保障の設定

社員の中には、「業績に応じて賞与の支給額が決まる」ということに、不安を感じる者が少なくない。「業績が良くないときに賞与がまったく支給されないと、安定した生活ができなくなる」という不安を感じる。

このような事情に配慮し、業績連動型賞与制度において「最低保障部分」を設けている会社がかなり多い。これは、「業績が良くない場合においても、一定月数の賞与の支給を保障する」というものである。
　ある調査によると、業績連動型賞与制度を実施している会社の約60%が「最低保障部分を設けている」としている。
　最低保障部分の設定は、社員に安心感を与えるというメリットがある半面、賞与支給原資の変動費化の効果を制約するという問題点もある（図表3-10）。
　最低保障部分を設定する場合、その設定方法には、
　・一般社員、役職者とも、同一の月数を保障する
　・一般社員の保障月数と役職者の保障月数に差を設ける
　・役職者には保障部分は設けない
などがある。

図表3-10　最低保障部分設定のメリットと問題点

メリット	問題点
○社員に安心感を与える。 ○社員の生活の安定を図れる。	●業績が良くないときでも、賞与の支給負担があり、資金繰りがそれだけ苦しくなる。 ●賞与支給原資の変動費化の効果が制約される。 ●社員に「業績が良くなくても、賞与の支給を受けられる」という甘えの意識を植え付ける。

4 賞与費の管理と予算制度

　人件費の中で賞与の占める割合は相当に大きい。年間の総支給月数が平均給与の5ヶ月分、6ヶ月分に及んでいるところもある。

　経営の健全性・安定性を確保するためには、賞与費を適正に管理する必要がある。賞与費の管理が適切でないと、結果的に経営基盤が揺らぐことになる。その結果、重大・深刻な危機に陥る。

　賞与費を適切に管理するためには、予算制度を実施することが望ましい。すなわち、あらかじめ次の事項を十分に勘案して経営計画を立てる。

　・景気の動向
　・会社の実力
　・同業他社との競争関係
　・売上高、営業利益等のこれまでの実績

　その経営計画（業績見込み）をもとにして賞与費予算（支給総額）を決め、その予算の枠内で賞与を支給する（様式例3－1）。

　予算作成後に経営環境が変化し、業績が当初の見込み以上に好転または悪化したときは、賞与予算額を増減する。

　予算年度が終了したときは、決算を行い、結果を検証する。

様式例3-1　賞与費予算

(1) 支給対象者数

	見込み数	前年度実績	前年度比	備考
夏 季 賞 与				
年 末 賞 与				

(2) 1人平均支給額

	予　算	前年度実績	前年度比	備　考
夏 季 賞 与				
年 末 賞 与				
計				

(3) 支給総額

	予　算	前年度実績	前年度比	備　考
夏 季 賞 与				
年 末 賞 与				
計				

(参考) 賞与費管理規程

賞与費管理規程

(総則)
第1条　この規程は、社員賞与費の管理について定める。
(管理責任者)
第2条　賞与費の管理責任者は、人事部長とする。
(賞与費予算の作成)
第3条　人事部長は、毎年度(4～翌年3月)、賞与費予算を作成し、社長の承認を得なければならない。
(賞与費予算の作成基準)
第4条　賞与費予算は、次の事項を総合的に勘案して作成しなければならない。
　(1)　当年度の経営計画
　(2)　在籍社員数・支給対象社員数の見込み
　(3)　前年度の賞与費の実績
　(4)　その他必要事項
(賞与費予算の執行)
第5条　人事部長は、賞与費予算が社長によって承認されたときは、これを適正に執行しなければならない。
(流用の禁止)
第6条　人事部長は、賞与費予算について、次のことをしてはならない。
　(1)　賞与費予算を賞与費以外のために流用すること
　(2)　賞与費以外の予算を賞与費に流用すること
(賞与費予算の修正)
第7条　人事部長は、年度の途中において賞与費予算を修正する必要があると認めるときは、修正予算を作成し、社長の承認を得なければならない。
(決算報告)
第8条　人事部長は、管理年度が終了したときは、遅滞なく賞与費予算の決算を行い、その結果を社長に報告しなければならない。
2　決算と予算との間に差異が生じたときは、その原因を分析し、その結果を報告しなければならない。
(付則)
　この規程は、○○年○○月○○日から施行する。

(様式1) 賞与費予算承認願

○○年○○月○○日

取締役社長殿

人事部長

○○年度賞与費予算について（伺い）

(1) 支給対象者数

	見込み数	前年度実績	前年度比	備　考
夏季賞与				
年末賞与				

(2) 1人平均支給額

	予　算	前年度実績	前年度比	備　考
夏季賞与				
年末賞与				
計				

(3) 賞与費

	予　算	前年度実績	前年度比	備　考
夏季賞与				
年末賞与				
計				

付表　賞与費支給実績

	1人平均支給額	対前年度比	賞　与　費	対前年度比
2011				
2012				
2013				
2014				
2015				

以上

(様式2）賞与費修正予算承認願

〇〇年〇〇月〇〇日

取締役社長殿

人事部長

〇〇年度賞与費修正予算について（伺い）

(1) 支給対象者数

	修正見込み数	当初見込み数	当初見込み比	備　　考
夏季賞与				
年末賞与				

(2) 1人平均支給額

	修正予算	当初予算	当初予算比	備　　考
夏季賞与				
年末賞与				
計				

(3) 賞与費

	修正予算	当初予算	当初予算比	備　　考
夏季賞与				
年末賞与				
計				

以上

(様式3) 賞与費決算報告

〇〇年〇〇月〇〇日

取締役社長殿

人事部長

〇〇年度賞与費決算について（報告）

(1) 支給対象者数

	実　績	計　画	計画比	備　考
夏季賞与				
年末賞与				

(2) 1人平均支給額

	決　算	予　算	予算比	備　考
夏季賞与				
年末賞与				
計				

(3) 賞与費

	決　算	予　算	予算比	備　考
夏季賞与				
年末賞与				
計				

付表　賞与費と売上・営業利益

	賞与費 (A)	売上高 (B)	売上高比率 (A／B)	営業利益 (C)	営業利益比率 (A／C)
2011					
2012					
2013					
2014					
2015					
2016					

以上

第4章
福利厚生費の決め方と管理方法

1 法定福利厚生費の管理

(1) 福利厚生の種類

　福利厚生とは、給与などの基本的な労働条件とは別に、会社が社員やその家族の福祉向上のために行う、さまざまな施策をいう。
　福利厚生は、
　　・法律で義務付けられているもの（法定福利厚生）
　　・会社が社員とその家族の生活の安定、相互の親睦・交流などの目的で、自主的に行うもの（法定外福利厚生）
とに、大別される。
　このうち、法定福利厚生は、
　　・社会保険（健康保険、厚生年金保険）の保険料の事業主負担分
　　・労働保険（雇用保険、労災保険）の保険料の事業主負担分
　　・子育て拠出金
　　・身体障害者雇用納付金
などである。
　健康保険の保険料は、以前は全国一律であったが、現在は都道府県別に設定されている。
　また、厚生年金保険の保険料は、少子高齢化の影響に伴う保険財政のひっ迫で、上昇傾向にある。

(2) **法定福利厚生費の管理と予算制度**

　法定福利厚生は、必ず申告・納付しなければならないものである。「売上が良くない」「資金繰りが苦しい」などの理由で納付を免れたり、あるいは納付期限を勝手に遅らせたりすることはできない。

　保険料を所定の期日までに確実に申告・納付できるようにするため、予算による管理を行うのがよい。すなわち、あらかじめ申告・納付すべき金額を算定し、その資金を確保しておく。そして、所定の期日までに納付する。

　申告・納付する保険料の額は、次の事項を踏まえて算定する。

　① 法令の定め
　② 社員数（非正社員を含む）
　③ 社員の給与水準
　④ 賞与の平均支給額
　⑤ その他

　予算表の様式を示すと、様式例4－1のとおりである。

　年度が終了したときは、決算を行い、予算額が適切であったかを確認し、その結果を次年度の予算作成に活用する。

　また、毎月、納付計画表を作成し、納付に支障が生じないようにする（様式例4－2）。

様式例4－1　法定福利厚生費予算表

(1) 総括表

	予算	前年度実績	前年度比	備考
1　社会保険				
2　労働保険				
3　その他				
計				

（注）社会保険＝健康保険、厚生年金保険。労働保険＝雇用保険、労災保険

(2) 月次表

	社会保険	労働保険	その他	計	備考
4月					
5月					
6月					
7月					
8月					
9月					
10月					
11月					
12月					
1月					
2月					
3月					
計					

様式例4－2　法定福利厚生費月間納付計画表（○○年○○月）

	納付予定	前月納付額	前月比	備考
1　社会保険				
2　労働保険				
3　その他				
計				

（注）社会保険＝健康保険、厚生年金保険。労働保険＝雇用保険、労災保険

2　法定外福利厚生の決め方と管理方法

(1)　法定外福利厚生の種類

　法定外福利厚生は、社宅・独身寮、持家援助、慶弔見舞金、文化・スポーツ活動、レクリエーションなどである。最近は、「社員の子育てを支援する」という目的で、社内保育所を開設するところが増えている。

図表4－1　法定外福利厚生の種類

住　宅　関　係	社宅、借上げ社宅、独身寮、持家援助
医療・保健関係	病院、診療所、健康診断
生　活　補　助	食堂、給食サービス、売店、社員割引購入制度、制服・作業服、通勤バス、駐車場提供、ホームヘルパー派遣
慶弔・共済	慶弔見舞金、共済会、保険
文化・体育・レクリエーション	グラウンド、体育館、海の家・山の家、クラブ活動援助、社員旅行
資　金　貸　付	一般資金貸付、教育資金貸付、住宅資金貸付
財　産　形　成	財形貯蓄制度、社員持株会、社内預金制度
子　育　て　支　援	社内保育所、ベビーシッター補助、保育所費用補助、幼稚園費用補助
そ　の　他	労働災害の法定外補償制度、退職準備セミナー、その他

(2)　法定外福利厚生費の管理のポイント

① 　会社主体か、共済会か

　法定外福利厚生の実施については、

　　・会社が実施する

　　・共済会が実施する

・会社と共済会が分担して実施する
の3つの方式がある。
　共済会は、本来、「共に助け合う」という相互扶助の精神に基づく組織である。
　会社が住宅（社宅・独身寮）から冠婚葬祭に至るまで、法定外福利厚生の全てを実施すると、当然のことながら、会社の費用負担が重くなる。
　これに対して、福利厚生の一部または全部を共済会に委ねると、共済会が費用負担する分だけ、会社の費用負担が少なくなる。

② 共済会の設立と運営
　共済会を設立・運営するときは、次の事項を明確にする必要がある。
ア　会員の範囲
　会員の範囲については、
　・正社員と役員で構成する
　・パートタイマーや嘱託社員などの非正社員も加える
の2つがある。
イ　運営主体
　共済会の運営主体については、主として、
　・労使双方で運営
　・会社側で運営
　・労働組合で運営
の3つがある。
　全体としては、「労使双方で運営」の共済会が多いが、規模の小さい会社では「会社側で運営」がかなり見られる。
ウ　会費の決定方式
　会費の決定については、

・全社員一律に決める（定額制）

・給与に比例して決める（給与比例制）

・定額+給与比例制

の3つがある。

全体としては、定額制が多いが、給与比例制を採用している共済会もかなり存在する。

エ　会社の拠出金

「共に助け合う」という共済会の趣旨からすれば、共済会の運営に要する費用はすべて会員の拠出金で賄うべきであろう。しかし、会員の拠出金の額には、おのずから一定の限界がある。

また、福利厚生は、社員とその家族の生活の安定を主たる目的として行われうものである。

このため、労使双方および会社で運営している共済会の場合は、会社が一定の拠出金を支出するのが一般的である。

会社の拠出金の決め方には、

・会費を上回る額とする

・会費と同額とする

・会費を下回る額とする

の3つがある。これらのうち、「会費と同額とする」方式を採用しているところが多い。例えば、会費を「1ヶ月500円」としている場合は、「500円×会員数」に相当する金額を毎月拠出する。

(3) **利用基準・支給基準の明確化**

福利厚生は、会社の人事管理の一環として行うものであるから、公正・明瞭に行われることが必要である。

また、福利厚生のための費用は会社の金で賄われるものであるから、合理的に支出されなければならない。

制度の公正な運営と経費の合理的な支出を確保するためには、それぞれの福利厚生制度について、その利用基準・支給基準が明確にされる必要がある。

(4) 新設・変更と経費見込みの算定

　福利厚生は、社員とその家族の生活の向上等を目的として行われるものであるから、社員に広く利用されることが望ましい。

　社員の利用度を高めるためには、「社員は、どのような福利厚生制度を希望しているか」「どのような福利厚生制度を実施すれば、社員に歓迎されるか」をよく考えて制度を運用・管理していくことが望ましい。

　一方、福利厚生制度は、一定の金銭支出を伴うものであるから、「このような制度を導入すれば社員に喜ばれる」と考えて、安易に新しい制度を導入したり、あるいは既存の制度の内容を変更したりするのは問題である。安易な新制度の導入や制度変更は、総人件費の負担増を招く可能性がある。

　新しい福利厚生制度を導入するとき、あるいは既存の制度の内容を変更したりするときは、「どのくらいの社員が利用するか」を見込んで、予想される金銭的な負担を算定する必要がある（図表4-2）。

　例えば、子育てを支援するために、乳幼児を養育する社員に対して、保育所または幼稚園の保育料の一部を補助する制度を実施するときは、社員の家族構成の分析を踏まえて、「該当する子は、およそ何名いるか」「子どもの数は、今後どのように推移するか」を予測する。

　そのうえで、「補助額を月額1万円とした場合、会社の負担額は年間いくらとなるか」「補助額を月額2万円としたら、総支給額はどの程度になるか」をシミュレーションする。そして、会社が負担可能な範囲において、補助額を決定する。

図表4−2　制度の新設・変更の際の検討事項

1 社員のニーズの強さ	
2 利用者の見込み	初年度　○○名 2年度　○○名 3年度　○○名 4年度　○○名 5年度　○○名
3 支出総額の見込み	初年度　○○万円 2年度　○○万円 3年度　○○万円 4年度　○○万円 5年度　○○万円

(5) **法定外福利厚生費の管理と予算制度**

　会社の経費は、すべて合理的・効率的に支出する必要がある。

　法定外福利厚生費も、合理的・効率的に支出する必要がある。そのような趣旨からすると、予算制度によって管理するのが適切である。すなわち、「年間どれくらいの経費が見込まれるか」「年間どれほどの福利厚生費を支出するのが適切か」を考えて、年間の予算枠を算定する。そして、その総枠を大幅に超えることがないように福利厚生制度を運用していく。

　福利厚生予算は、

・経営計画

・業績

・前年度の実績

・社員のニーズ

・その他（社員の年齢構成、扶養家族の有無等）

などを勘案して策定する。

　すなわち、1つひとつの福利厚生制度について、

・前年度の利用者数は、どれほどであったか

・制度の対象者は、どれくらい在籍しているか

などを踏まえて、年度の利用者総数を算出する。そのうえで、その利用者総数に、単価を乗じて、予算総額を算定する（様式例4－3）。

さらに、経営計画や業績を勘案して、金額を調整する。

福利厚生費予算年度が終了したときは、決算を行う。そして、

・どのような種類の福利厚生制度の利用率が高かったか。その理由は何か
・どのような種類の福利厚生制度はあまり利用されなかったか。その理由は何か

を分析する。

その分析を踏まえて、次年度以降の福利厚生制度の運営に当たる。

様式例4－3　年間福利厚生予算表

	予算	前年度実績	前年度比	備考
1　住宅関係				
2　財形・貸付関係				
3　慶弔・共済関係				
4　文化・体育・レク関係				
5　生活補助関係				
6　子育て支援関係				
計				

(参考1)法定福利厚生費管理規程

法定福利厚生費管理規程

(総則)
第1条　この規程は、法定福利厚生費の管理について定める。
2　この規程において「法定福利厚生費」とは、次のものをいう。
　(1)　社会保険(健康保険、厚生年金保険)の保険料の事業主負担分
　(2)　労働保険(雇用保険、労災保険)の保険料の事業主負担分
　(3)　子育て拠出金
　(4)　身体障害者雇用納付金その他
(管理年度)
第2条　法定福利厚生費の管理年度は、毎年、4月から翌年3月までの1年とする。
(所管)
第3条　法定福利厚生費の管理は人事部の所管とし、その責任者は人事部長とする。
(法定福利厚生費予算の作成)
第4条　人事部長は、毎年度、法定福利厚生費予算を作成し、社長の承認を得なければならない。
2　法定福利厚生費予算は、次の事項を踏まえて作成しなければならない。
　(1)　法令の定め
　(2)　社員数(非正社員を含む)
　(3)　社員の給与水準
　(4)　賞与の平均支給額
　(5)　その他
(適正な執行)
第5条　人事部長は、法定福利厚生費予算について社長の承認を得たときは、これを適正に執行しなければならない。
(流用の禁止)
第6条　人事部長は、法定福利厚生費予算について、次のことをしてはならない。
　(1)　法定福利厚生費予算を法定福利厚生費以外のために流用すること
　(2)　法定福利厚生費予算以外の予算を法定福利厚生費のために流用すること
(月間納付計画)
第7条　人事部長は、毎月10日までに翌月の法定福利厚生費の納付計画を作成し、これを社長に提出してその承認を得なければならない。
(業務上の留意事項)
第8条　人事部長は、法定福利厚生費の取扱いについて、次の事項に留意しなけ

ればならない。
(1) 保険料を法令の定める基準により正確に算定すること
(2) 保険料を所定の期日までに納付すること
(3) 法定福利厚生費に関する書類を正確に記載すること
(4) 法定福利厚生費に関する書類を法令で定める期間確実に保存すること

（修正予算の作成）

第9条　人事部長は、法令の改正その他により、法定福利厚生費予算の修正が必要になったときは、修正予算を作成し、社長の承認を得なければならない。

（決算報告）

第10条　人事部長は、管理年度が終了したときは、法定福利厚生費予算の決算を行い、その結果を社長に報告しなければならない。

（付則）

この規程は、〇〇年〇〇月〇〇日から施行する。

（様式１）法定福利厚生費予算の承認願

〇〇年〇〇月〇〇日

取締役社長殿

人事部長

〇〇年度法定福利厚生費予算について（伺い）

(1) 総括表

		予算	前年度実績	前年度比	備考
1	社会保険				
2	労働保険				
3	その他				
	計				

（注）社会保険＝健康保険、厚生年金保険。労働保険＝雇用保険、労災保険

(2) 月次表

	社会保険	労働保険	その他	計	備考
4月					
5月					
6月					
7月					
8月					
9月					
10月					
11月					
12月					
1月					
2月					
3月					
計					

以上

(様式2)法定福利厚生費の月間納付計画の承認願

〇〇年〇〇月〇〇日

取締役社長殿

人事部長

法定福利厚生費の月間納付計画について(〇〇年〇月)(伺い)

	納付予定	前月納付額	前月比	備考
1 社会保険				
2 労働保険				
3 その他				
計				

(注)社会保険=健康保険、厚生年金保険。労働保険=雇用保険、労災保険

以上

(様式3) 福利厚生費予算の決算報告

年　　月　　日

取締役社長殿

人事部長

○○年度法定福利厚生費予算の決算について（報告）

(1) 総括表

	決算	予算	予算比	備考
1　社会保険				
2　労働保険				
3　その他				
計				

(2) 月次表

	社会保険	労働保険	その他	計	備考
4月					
5月					
6月					
7月					
8月					
9月					
10月					
11月					
12月					
1月					
2月					
3月					
計					

以上

(参考２）法定外福利厚生費管理規程

法定外福利厚生費管理規程

（総則）
第１条　この規程は　法定福利厚生費（以下、単に「福利厚生費」という。）の管理について定める。
（管理年度）
第２条　福利厚生費の管理年度は、毎年、４月から翌年３月までの１年とする。
（所管）
第３条　福利厚生費の管理は人事部の所管とし、その責任者は人事部長とする。
（福利厚生予算の作成）
第４条　人事部長は、毎年度、福利厚生費予算を作成し、社長の承認を得なければならない。
２　福利厚生費予算は、次の事項を踏まえて作成しなければならない。
　(1)　経営計画
　(2)　業績
　(3)　前年度の実績
　(4)　社員のニーズ
　(5)　その他
（適正な執行）
第５条　人事部長は、福利厚生費予算について社長の承認を得たときは、これを適正に執行しなければならない。
（流用の禁止）
第６条　人事部長は、福利厚生費予算について、次のことをしてはならない。
　(1)　福利厚生費予算を福利厚生以外のために流用すること
　(2)　福利厚生費予算以外の予算を福利厚生のために流用すること
（福利厚生制度の変更・新設・廃止）
第７条　人事部長は、経営環境の変化、福利厚生に対する社員のニーズの変化等に応じて、次のことを行うようにしなければならない。
(1)　個別の制度の内容の変更
(2)　新しい制度の導入
(3)　既存の制度の廃止
　（制度の変更・新設・廃止の手続き）
第８条　人事部長は、個別の福利厚生制度の内容を変更するとき、新しい制度を新設するとき、または既存の制度を廃止するときは、社長に次の事項を申し出

て、その承認を得なければならない。
(1) 変更・新設・廃止する制度の名称
(2) 変更・新設の内容
(3) 変更・新設・廃止の理由
(4) 変更・新設・廃止に伴う経費の増減額
(5) 変更・新設・廃止の時期
(6) その他必要事項

2 人事部長は、社長の承認を得て個別の福利厚生制度の内容を変更するとき、新しい制度を新設するとき、または既存の制度を廃止するときは、社員に対してその内容と理由をよく説明し、理解を得るようにしなければならない。

(決算報告)
第9条 人事部長は、管理年度が終了したときは、福利厚生費予算の決算を行い、その結果を社長に報告しなければならない。

(付則)
この規程は、○○年○○月○○日から施行する。

（様式1）福利厚生費予算の承認願

〇〇年〇〇月〇〇日

取締役社長殿

人事部長

〇〇年度福利厚生費予算について（伺い）

	予算	前年度実績	前年度比	備考
1　住宅関係				
2　財形・貸付関係				
3　慶弔・共済関係				
4　文化・体育・レク関係				
5　生活補助関係				
6　子育て支援関係				
計				

以上

（様式２）福利厚生制度の変更・新設・廃止の承認願

```
                                          ○○年○○月○○日
取締役社長殿
                                                  人事部長

           福利厚生制度の変更等について（伺い）
               （□変更　□新設　□廃止）
```

1	変更・新設・廃止する制度の名称	
2	変更・新設の内容	
3	変更・新設・廃止する理由	
4	変更・新設・廃止に伴う経費の増減	
5	変更・新設・廃止の時期	
6	その他	

以上

(様式３）福利厚生費予算の決算報告

〇〇年〇〇月〇〇日

取締役社長殿

人事部長

〇〇年度福利厚生費予算の決算について（報告）

	決算	予算	予算比	備考
1　住宅関係				
2　財形・貸付関係				
3　慶弔・共済関係				
4　文化・体育・レク関係				
5　生活補助関係				
6　子育て支援関係				
計				

以上

第5章 出張旅費の決め方と管理方法

1 国内出張旅費の決め方

(1) 出張の基準

　会社の外で業務に従事することを一般に「出張」という。出張に対しては、日当、交通費、宿泊費が支払われるのが通例であるが、そのためには「出張扱いとする基準」（出張の基準）が明瞭に定められていなければならない。

　出張基準の決め方には、主として、次の3つがある。

① 距離方式

　これは、一定の距離を超える地域へ出かけて業務に従事する場合を出張扱いとするものである。

　例えば、片道50kmとか、100kmというように一定の距離を決め、それ以上の地域で業務に従事する場合を出張扱いとする。

　この方式は、「距離が同じでも交通の便によって所要時間に差が生じる」という問題点があるものの、距離という客観的な指標を基準とするため、単純で明快である。このため、この方式を採用している会社が最も多い。

② 所要時間方式

　これは、一定の時間以上外部で業務に従事する場合を出張扱いとす

るものである。

　例えば、4時間とか5時間という時間を決め、その時間以上外部で仕事をする場合を出張として取り扱う。

　この方式も、単純明快である。しかし、
　・同じ仕事をする場合でも、人によって能率が異なる。したがって、能率の良い社員は短時間で仕事を完了させるので出張扱いとならず、能率の良くない社員が出張扱いとされ、日当の支給を受ける
　・あらかじめ所要時間を確定できないケースがある
などの問題点がある。

③　距離・所要時間方式

　これは、距離と所要時間の双方を基準として出張扱いを決めるというものである。

　例えば、50km以上、かつ所要時間4時間以上の場合を出張扱いとする。

(2)　出張旅費の決め方

①　日当

　出張に対しては、日当が支給される。日当の支給は、
　・交通費、宿泊費以外の諸経費をカバーする
　・出張に伴う精神的緊張と身体的疲労に報いる
という意味がある。

　日当の決め方には、
　・全社員一律に決める
　・職位別に決める
　・資格等級別に決める
　・地域別に決める

・日帰り出張、宿泊出張の別に決める

などがある（図表5－1）。

図表5－1　日当の決め方

一律方式	2,300円
職位別方式	社員　　2,100円 係長　　2,300円 課長　　2,600円 部長　　2,900円
資格等級別方式	社員1～3級　　2,200円 社員4～6級　　2,500円 社員7～9級　　2,800円
地域別方式	東京・大阪・名古屋　　2,500円 それ以外　　　　　　　2,200円
日帰り出張・宿泊出張の別	日帰り出張　　2,000円 宿泊出張　　　2,300円

② 宿泊費

宿泊費の決め方には、

・実費を支給する

・定額を支給する

の2つがある。

社員は、当然のことながら「交通の便の良いホテルに泊まりたい」「設備のしっかりしたところを利用したい」と考える。このため、実費方式を採用すると、宿泊費が上昇傾向をたどる可能性がある。

定額方式を採用する場合、定額の決め方には、

・全社員一律に決める

・職位別に決める

・資格等級別に決める

・地域別に決める

・地域別・職位別に決める

・地域別・資格等級別に決める

などがある。

なお、定額方式の場合には、「地域や季節によっては、ホテル代が高くなり、実費をカバーできない」というケースが生じる。

このような場合には、領収書の提出を求め、超過分を補償するべきである。

③ 交通費

出張に伴う交通費は、実費を支給する。

なお、特急・急行、グリーン車、新幹線および航空機の利用基準を明確にしておくことが必要である（図表5－2）。

図表5－2　交通機関の利用基準（例）

	利用基準
特急・急行	片道80km以上のとき
特急・急行のグリーン車	片道80km以上のとき。課長以上に限る
新幹線	片道100km以上のとき
新幹線のグリーン車	認めない
航空機	片道500km以上のとき

(3) **出張旅費の削減策**

業績は、常に良好であることが望ましい。売上や利益が年々増加することが理想である。しかし、現実はきわめて厳しいから、業績不振に陥ることがある。業績が不振になったときは、出張旅費の削減策を講じることが現実的・合理的であろう。

削減策としては、日当・宿泊費の削減・見直し、出張回数の削減などがある（図表5－3）。

なお、削減策を講じるときは、あらかじめその必要性と内容を社員によく説明し、理解を求めるべきである。また、社員の出張意欲を著しく損ねない範囲で削減策を決めることも必要である。

図表5－3　国内出張旅費の削減策

削減策	・日当の見直し・削減 ・宿泊費の削減・見直し ・日帰り出張の励行 ・回数券の利用 ・ディスカウントチケットの利用 ・グリーン車の利用制限 ・航空機の利用制限 ・タクシー利用の制限 ・出張回数の削減 ・出張人数の削減 ・テレビ・インターネット会議の活用
削減策実施の留意点	・あらかじめ削減策の必要性を社員に説明し、理解を求める。 ・社員の出張意欲を著しく減退させない範囲で実施する。

2　海外出張旅費の決め方

(1) 海外出張旅費の種類

海外出張旅費の種類としては、
- 支度料
- 海外渡航手続費
- 交通費
- 日当
- 宿泊費
- 海外旅行保険

などがある。

(2) 海外出張旅費の決め方

① 支度料

支度料は、海外出張に当たって必要とされるスーツケース、衣料、身の回り品などを購入するために支給されるものである。

支度料の決め方には、
- 全社員一律とする
- 職位別に決める
- 資格等級別に決める
- 地域別に決める
- 出張期間別に決める
- 職位別・地域別に決める
- 職位別・出張期間別に決める

などがある。

これらのうち、職位別方式、職位別・地域別方式および職位別・出張期間別方式が広く採用されている。

また、支度料については、
- 1年以内の再出張に対しては支給しない
- 1年を超え、2,3年以内の再出張のときは、所定の額の50%を支給する

という措置を講じている会社が多い。

なお、現在は、海外旅行が一般化している。多くの人がゴールデンウィーク、夏季、年末年始に気軽に外国旅行をする時代になっている。このような環境変化に対応し、支度料の支給を廃止している会社が増加している。

② 渡航手続費

次に掲げる費用については、実費を支給するのが一般的である。
- パスポート代
- ビザ代
- 外貨交換手数料
- 予防注射代
- 出入国税
- その他渡航に必要とされる費用

③ 交通費

航空機、船舶、鉄道、自動車の運賃の実費を支給する。

④ 日当

日当の決め方には、
- 全社員一律に決める
- 職位別に決める
- 資格等級別に決める

・地域別に決める
　・職位別・地域別に決める
　・資格等級別・地域別に決める
などがある。

⑤　宿泊費
　宿泊費については、
　・実費を支給する
　・定額を支給する
という2つの取扱いがある。
　定額を支給する場合、その決め方には、日当と同じ方式がある。
　なお、日当と宿泊費については、表示通貨を決める必要がある。すなわち、
　・円建てとするか
　・ドル建てとするか
を決めなければならない。
　かつては、ドル建てが一般的であった。しかし、現在では、円が相対的に強くなっていることを反映し、円建ての会社の方が多い。
　円建ては、きわめて分かりやすいが、為替レートが円安に振れると、所定の宿泊料では実費をカバーできなくなるという問題点がある。

⑥　海外旅行保険
　海外出張は、国内出張に比較して、一般的に期間が長い。また、気候風土や食べ物が日本とは異なるため、健康を損ねる可能性がある。さらに、治安の面で問題のある国や地域が少なくない。このため、会社が保険料を負担して海外旅行保険に加入するケースが多い。
　保険に加入する場合は、

・保険金をいくらとするか

・事故が生じた場合に支払われる保険金を誰が受け取るか

を明確にしておく必要がある。

保険金の決め方には、

・全社員一律とする

・職位別に決める

・資格等級別に決める

などがある。

当然のことながら、保険金は、治療代、退職金、死亡弔慰金などに充当されなければならない。

⑦　団体参加のときの取扱い

海外出張については、経済団体や同業組合などが主催する視察団に参加するという形をとるケースが多い。

ツアーの場合、一般に、交通費、食事代、宿泊費などいっさいの費用が参加費に含まれる。この場合は、交通費と宿泊費は支給せず、日当のみ、その半額程度を支給することにするのが妥当であろう。

3 出張旅費の管理方法

(1) 出張旅費の管理と予算制度

社員の多くは、「仕事を円滑に進めるためには、関係者（取引先）と直接会って話をする必要がある」「相手と会ってコミュニケーションをしなければ仕事がうまく進まない」と考えている。それは、確かに当を得た実感であり、事実であろう。

このため、1人で行くべきところを2人、3人で出かけたり、あるいは2回程度で済むべきところを3回、4回と出張したりする。その結果、出張経費は、とかく過大になりがちである。

出張旅費は、合理的に支出されなければならない。そのためには、予算による管理を行うのがよい。すなわち、あらかじめ業務の必要性を踏まえて年間の出張回数と出張旅費を見込んでおく。そして、出張旅費の総枠を超えることのないように、出張を行う。

(2) 予算制度の実施手順

① 各部門による出張計画の作成

出張は、業務と密接に結びついている。「どこに出張すべきか」「誰が出張すべきか」「業務を成功させるには、何回程度出張するのがよいか」を適切に判断できるのは、業務を遂行する部門である。人事部が出張先や出張の回数や時期を判断することは、現実的に不可能である。

このため、各部門において、年間の出張回数および出張旅費総額を計画することにする。

各部門は、
- ・業務計画（業務目標）
- ・前年度の実績
- ・業績

第5章 出張旅費の決め方と管理方法

などを勘案して、出張計画を作成し、これを人事部に提出する（様式例5－1）。

様式例5－1　部門の出張計画

1　国内出張

	計画	前年度実績	前年度比	備考
出張回数				
出張延べ人員				
出張旅費				

2　海外出張

	計画	前年度実績	前年度比	備考
出張回数				
出張延べ人員				
出張旅費				

② 人事部による出張旅費予算の作成

人事部では、各部門から提出された出張計画をもとに、年度の出張旅費予算を作成する。この場合、各部の計画を単純に積み上げて全社予算とするのではなく、次のものを踏まえて、各部の計画を調整する。

・全社経営計画
・業績
・前年度の実績

様式5−2　出張旅費予算

	予算	前年度予算	前年度比	備考
1　国内出張旅費				
2　海外出張旅費				
計				

③　人事部への出張実績の報告

　各部門は、年度が終了したときは、人事部に対して、

　・出張回数

　・出張延べ人数

　・出張旅費

の実績を報告する。

④　人事部による出張旅費予算の決算

　人事部は、各部門からの出張実績報告をもとに、出張旅費予算の決算を行い、その結果を社長に報告する。予算との間に大きな差異が生じたときは、その原因を調査し、その結果を報告する。

第5章　出張旅費の決め方と管理方法

（参考）出張旅費管理規程

出張旅費管理規程

（総則）
第1条　この規程は、出張旅費の管理について定める。
（管理責任者）
第2条　出張旅費は、人事部長が総括管理を行い、各部の長がその部の個別管理を行う。
（出張計画の作成）
第3条　各部の長は、毎年2月末日までに、翌年度（4～3月）の自部門の出張計画を作成し、これを人事部長に提出しなければならない。
2　出張計画は、次のものを踏まえて合理的に作成しなければならない。
(1)　業務計画（業務目標）
(2)　前年度の実績
(3)　業績
(4)　出張旅費規程
(5)　その他
（出張旅費予算の作成）
第4条　人事部長は、毎年度、出張旅費予算を作成し、社長の承認を得なければならない。
2　予算は、次の事項を踏まえて作成しなければならない。
　(1)　各部の出張計画
　(2)　経営計画
　(3)　業績
　(4)　前年度の出張旅費実績
　(5)　出張旅費規程
　(6)　その他
（各部長への通知）
第5条　人事部長は、出張旅費予算について社長の承認を得たときは、その内容を各部の長に通知する。
2　各部の長は、旅費予算を適正に執行しなければならない。
（流用の禁止）
第6条　各部の長は、出張旅費予算について、次のことをしてはならない。
　(1)　出張旅費予算を出張旅費以外のために流用すること
　(2)　出張旅費予算以外の予算を出張旅費のために流用すること

（人事部長への実績の報告）
第7条　各部の長は、年度が終了したときは、自部門の出張旅費予算の支出実績を人事部長に報告しなければならない。
（決算報告）
第8条　人事部長は、年度が終了したときは、出張旅費予算の決算を行い、その結果を社長に報告しなければならない。
（付則）
この規程は、○○年○○月○○日から施行する。

（様式１）部門の出張計画

〇〇年〇〇月〇〇日

人事部長殿

〇〇部長

〇〇年度出張計画について（申請）

1　国内出張

	計画	前年度実績	前年度比	備考
出張回数				
出張延べ人員				
出張旅費				

2　海外出張

	計画	前年度実績	前年度比	備考
出張回数				
出張延べ人員				
出張旅費				

以上

(様式2)出張旅費予算の承認願

○○年○○月○○日

取締役社長殿

人事部長

○○年度出張旅費予算について(伺い)

1　総括表

	予算	前年度予算	前年度比	備考
1　国内出張旅費				
2　海外出張旅費				
計				

2　部門別表

(1)　国内出張旅費

部門	予算	前年度予算	前年度比	備考

(2)　海外出張旅費

部門	予算	前年度予算	前年度比	備考

以上

（様式3）部門の出張実績報告

○○年○○月○○日

人事部長殿

○○部長

○○年度出張実績について（報告）

1　国内出張

	実績	計画	計画比	備考
出張回数				
出張延べ人員				
出張旅費				

2　海外出張

	実績	計画	計画比	備考
出張回数				
出張延べ人員				
出張旅費				

以上

(様式4) 出張旅費予算の決算報告

〇〇年〇〇月〇〇日

取締役社長殿

人事部長

〇〇年度出張旅費予算の決算について(報告)

1 総括表

	決算	予算	予算比	備考
1 国内出張旅費				
2 海外出張旅費				
計				

2 部門別表

(1) 国内出張旅費

部門	決算	予算	予算比	備考

(2) 海外出張旅費

部門	決算	予算	予算比	備考

以上

第6章 転勤旅費の決め方と管理方法

1 転勤旅費の決め方

(1) **人事異動の種類**

人事異動は、社員の配置・配属部門を変更するもので、配置転換とも呼ばれる。

人事異動は、実施時期との関係から、
・毎年一定の時期（通常は、4月）に定期的に行われる異動
・時期を特定せず、経営上の必要で随時行われる異動
とに、大別される。

人事異動は、異動先との観点からは、
・社内での異動
・他社への異動（例えば、子会社への出向、取引先への出向）
とに、大別される。

社内での異動が圧倒的に多いわけであるが、社内異動は、
・事業所内の異動（例えば、東京本社の人事部から総務部への異動）
・他の事業所への異動（例えば、横浜支店から大阪支店への異動）
とに、大別される。

このうち、他の事業所への人事異動を「転勤」という。

(2) **転勤の種類と効果**

転勤は、

・住居の変更を必要とするもの（例えば、東京本社から札幌支店への異動）
・住居の変更を必要としないもの（例えば、東京・丸の内営業所から東京・新宿営業所への異動）

とに、区分できる。

さらに、「住居の変更を必要とする異動」は、

・家族を帯同しての赴任
・単身での赴任

とに、区分できる。

転勤には、次のような効果が期待できる。

・能力開発、人材育成を図れる
・適材適所を実現できる
・事業所間の人事交流により、組織の一体感を形成できる
・職場の活性化を図れる

複数の事業所を持つ会社では、転勤は、きわめて重要な人事管理手法の1つである。

(3) **転勤旅費の種類**

転勤旅費の種類は、主として、次のとおりである。

・支度料
・荷造運送費
・交通費
・日当
・宿泊費
・転園・転学費
・住宅対策費

(4) **転勤旅費の決め方**

① 支度料

支度料は、転勤に伴って生じる諸費用のの支出に充てられるために支給されるものである。赴任手当と呼んでいる会社もある。

支度料の決め方には、

・帯同家族の有無別に決める

・帯同家族の有無別・職位別に決める

・帯同家族の有無別・資格等級別に決める

・帯同家族の有無別・基本給（または基準内給与）の一定率とする（定率方式）

などがある（図表6-1）。

これらのうち、職位別・帯同家族の有無別方式と定率方式とが広く採用されている。

図表6-1　支度料の決め方

帯同家族の有無別方式	帯同家族あり　　20万円 単身赴任　　10万円
帯同家族の有無別・職位別方式	（帯同家族あり） 社員　　18万円 係長　　20万円 課長　　23万円 部長　　27万円 （単身赴任） 社員　　9万円 係長　　10万円 課長　　12万円 部長　　14万円

帯同家族の有無別・資格等級別方式	（帯同家族あり） 社員1～3級　　18万円 社員4～6級　　20万円 社員7～9級　　23万円 （単身赴任） 社員1～3級　　9万円 社員4～6級　　10万円 社員7～9級　　12万円
帯同家族の有無別・定率方式	帯同家族あり　　基本給×70% 単身赴任　　基本給×40%

② 荷造運送費

荷造運送費については、次のような決め方がある。

・帯同家族の有無別に定額を支給する

・帯同家族の有無別・職位別に決める

・実費を全額支給する

・上限額を決め、その範囲であれば全額支給する

転勤する社員の立場からすると、全額支給が望ましい。しかし、そのような取扱いをすると、盆栽などの趣味のものや高級な骨董品などを運び込むということになりかねない。このため、実費方式を採用する場合には、

・上限額を設ける

・費用負担をしない品物を決める

などの措置を講じるのが現実的である。

③ 交通費

本人および家族に対して、交通費を支給する。

交通機関および等級については、本人と家族とを同じ取扱いとする。例えば、本人に新幹線を認めるときは、家族にも認める。

④ 日当

日当の額は、出張の場合と同額とする。

家族の日当については、

・本人と同額とする

・本人の半額とする

などがある。本人の半額程度とするのが妥当であろう。

⑤ 宿泊費

住宅や家財道具の運送などの関係で、赴任前あるいは赴任後にホテルに宿泊するときは、出張旅費規程に定める額（帯同する子は、本人の半額）の宿泊料を支給する。

⑥ 転園・転学費用

幼稚園や学校に通っている子がいる場合には、転勤に伴って転園・転学が必要となるが、転園・転学には費用がかかる。特に、転勤先で私立の幼稚園や小・中・高校に入る場合には、相当の費用がかかる。

このため、幼稚園児や小・中・高校生を連れて赴任する社員に対して、転園・転学費用の全部または一部を補助するのが望ましい。

転園・転学費用は、公立と私立とに区分して「1人いくら」という形で設定する。

⑦ 住宅対策費

転勤に伴い、借家・アパート等の賃貸契約を解除するために、敷金・礼金等が損失となるケースがある。このため、会社として、

・敷金の控除額

・入居時に支払った権利金または礼金の全部または一部

を補償するのが望ましい。

2　転勤旅費の管理と予算制度

　転勤は、他の事業場への人事異動である。同じ事業場内部の人事異動と異なり、相当の経費を伴う人事異動である。このため、合理的な管理が望まれる。転勤旅費を合理的に管理するため、予算制度を実施するのがよい。

　すなわち、毎年度、「何人程度、転勤させるか」を決定する。転勤者数は、

- 経営方針
- 人員配置の状況
- 前年度の転勤者数

などを踏まえて決定する。

　一方、過去数年の転勤者数、転勤旅費総額をもとに、転勤者1人当たりの転勤旅費を算出する（様式例6-1）。

　「転勤者数」に「1人当たり転勤旅費」を乗じることにより、転勤旅費予算を算出する（様式例6-2）。

様式例6-1　1人当たり転勤旅費の算出

年度	転勤者数（A）	転勤旅費総額（B）	1人当たり転勤旅費（B/A）
2011			
2012			
2013			
2014			
2015			
平均			

様式例6-2　転勤旅費予算

	予算	前年度	前年度比	備考
転勤者数				
転勤旅費				

(参考）転勤旅費管理規程

転勤旅費管理規程

（総則）
第1条　この規程は、転勤旅費の管理について定める。
2　この規程において「転勤」とは、住所の変更を必要とする事業場への人事異動をいう。
（転勤旅費予算の作成）
第2条　人事部長は、毎年度、転勤旅費予算を作成し、社長の承認を得なければならない。
2　転勤旅費予算は、次の事項を踏まえて作成しなければならない。
　⑴　経営計画
　⑵　人員配置の状況
　⑶　前年度の実績
　⑷　業績
　⑸　その他
（適正な執行）
第3条　人事部長は、転勤旅費予算について社長の承認を得たときは、これを適正に執行しなければならない。
（流用の禁止）
第4条　人事部長は、転勤旅費予算について、次のことをしてはならない。
　⑴　転勤旅費予算を転勤旅費以外のために流用すること
　⑵　転勤旅費予算以外の予算を転勤旅費のために流用すること
（決算報告）
第5条　人事部長は、年度が終了したときは、転勤旅費予算の決算を行い、その結果を社長に報告しなければならない。
（付則）
この規程は、〇〇年〇〇月〇〇日から施行する。

第6章 転勤旅費の決め方と管理方法

(様式1) 転勤旅費予算の承認願

○○年○○月○○日

取締役社長殿

人事部長

○○年度転勤旅費予算について(伺い)

	予算	前年度実績	前年度比	備考
1 転勤者数				
2 転勤旅費				
計				

以上

(様式2) 転勤旅費予算の決算報告

○○年○○月○○日

取締役社長殿

人事部長

○○年度転勤旅費予算の決算について(報告)

	決算	予算	予算比	備考
1 転勤者数				
2 転勤旅費				

以上

第7章

教育研修費の決め方と管理方法

1 教育研修の種類と方法

　どの業界でも、会社相互の競争が激しい。社員一人ひとりの職務遂行能力が向上することにより、会社全体の競争力が強化され、業績の向上につながる。

　社員全員の職務遂行能力のレベルが高ければ必ず良好な業績を上げることができるというほど甘くはない。しかし、社員の能力のレベルが高くなくては良好な業績が期待できないというのは、厳然とした事実であろう。

　教育研修の最大の目的は、社員に対して業務に必要な知識・技術・技能を教え、職務遂行能力を向上させることである。

　教育研修の方法には、主として、

　・上司・先輩が仕事の場を通じて部下や後輩をマンツーマンで指導する「オン・ザ・ジョブ・トレーニング」（OJT）

　・対象者を一堂に集めて、講師が指導する「集合教育」

　・社員が自主的に仕事の知識を習得する「自己啓発」

の3つがある（図表7－1）。

　これらのうち、代表的なものは集合教育である。集合教育には、階層別教育、職能別教育および課題別教育の3つがある（図表7－2）。

第7章　教育研修費の決め方と管理方法

図表7－1　研修方法の特徴

OJT	・マンツーマンで教えるので、教育効果が高い。 ・指導者の負担が重い。 ・指導者の教え方により、効果が大きく左右される。
集合教育	・全員に同じ内容の知識・技術・技能を教えることができる。 ・受講者の姿勢・態度によって、効果が大きく左右される。
自己啓発	・社員が自主的に取り組むので、大きな成果が期待できる。 ・自己啓発への動機づけが難しい。

図表7－2　集合教育の種類

階層別教育	社員の階層別に行う教育 ・新入社員教育 ・中堅社員教育 ・監督者教育 ・新任管理職教育 ・中級管理職教育 ・上級管理職教育 ・その他
職能別教育	職種別に行う教育 ・営業職教育 ・販売職教育 ・事務職教育 ・研究職教育 ・商品開発職教育 ・技能職教育 ・その他
課題別教育	特定の課題を取り上げて行う教育 ・コンプライアンス教育 ・顧客情報教育 ・安全衛生教育 ・その他

2 教育研修費とその管理方法

(1) **教育研修費の種類**

集合教育研修に要する費用は、一般には、

・講師・指導者の謝礼

・テキスト作成費

・会場借料(社外施設で行う場合)

などである。

研修を勤務時間外に行う場合には、研修を時間外勤務として取り扱い、時間外勤務手当またはそれに相当する研修手当の支給が必要となる。

外部の団体が主催する講習会・セミナー・研修会に社員を派遣する場合には、参加費および交通費が必要となる。

また、社員の自主的な啓発を金銭面で支援する「自己啓発支援制度」を実施する場合には、一定の金額の支出が必要となる。

(2) **年度の教育研修計画と予算制度**

教育研修は、「実施すれば、その日からすぐに効果が出る」というものではない。研修の効果が出るには、一定の期間が必要となる。このため、研修は、計画的に行うことが求められる。

思いついたときに場当たり的に研修を行うとか、金銭的に余裕が出たときに社員教育を行うというのは感心しない。

社員研修については、

・年度ごとに研修計画を立てる

・研修計画をもとに予算を確保する

という取り組みが重要である。

はじめに、

・どの階層、職種を対象とするか

・研修の内容はどのようなものにするか
・研修の日数、時間数はどの程度とするか
・いつ実施するか

などを検討して、合理的な研修計画を立てる。

それを踏まえて、

・講師や指導者はどうするか。社員を充てるか、それとも外部に委嘱するか
・どの程度のテキストを作成するか。テキストは、社内で作成するか、それとも外部に委託するか
・研修場所はどうするか

などを検討し、合理的な研修予算を算定する。

そして、研修計画および研修予算について社長または役員会の承認を得る（様式例7-1）。

様式例7−1　年間研修費予算

1　研修計画
(1)　集合研修

名称	対象者	内容	時間数	実施時期	実施場所	備考

(2)　自己啓発援助

制度の名称	援助の内容	対象者の範囲	備考

2　研修予算

	予算	前年度実績	前年度比	備考
1　集合研修				
2　自己啓発支援				
計				

第7章　教育研修費の決め方と管理方法

（参考）教育研修費管理規程

教育研修費管理規程

（総則）
第1条　この規程は、教育研修費の管理について定める。
（教育研修費予算の作成）
第2条　人事部長は、毎年度、教育研修費予算を作成し、社長の承認を得なければならない。
2　教育研修費予算は、次の事項を踏まえて作成しなければならない。
　⑴　経営計画
　⑵　前年度の実績
　⑶　業績
　⑷　その他
3　教育研修費予算は、各部の長とよく協議して作成しなければならない。
（適正な執行）
第3条　人事部長は、教育研修費予算について社長の承認を得たときは、これを適正に執行しなければならない。
（流用の禁止）
第4条　人事部長は、教育研修費予算について、次のことをしてはならない。
　⑴　教育研修費予算を教育研修以外のために流用すること
　⑵　教育研修費予算以外の予算を教育研修のために流用すること
（決算報告）
第5条　人事部長は、年度が終了したときは、教育研修費予算の決算を行い、その結果を社長に報告しなければならない。
（付則）
この規程は、○○年○○月○○日から施行する。

(様式1) 教育研修費予算の承認願

〇〇年〇〇月〇〇日

取締役社長殿

人事部長

〇〇年度教育研修費予算について（伺い）

1　研修計画

(1)　集合研修

名称	対象者	内容	時間数	実施時期	実施場所	備考

(2)　自己啓発援助

制度の名称	援助の内容	対象者の範囲	備考

2　研修予算

	予算	前年度実績	前年度比	備考
1　集合研修				
2　自己啓発支援				
計				

以上

（様式２）教育研修費予算の決算報告

〇〇年〇〇月〇〇日

取締役社長殿

人事部長

〇〇年度教育研修費予算の決算について（報告）

1　研修実績

(1)　集合研修

名称	対象者	内容	時間数	実施時期	実施場所	備考

(2)　自己啓発援助

制度の名称	援助の内容	制度の利用者数	備考

2　研修予算

	決算	予算	予算比	備考
1　集合研修				
2　自己啓発支援				
計				

以上

第8章 安全衛生費の決め方と管理方法

1 安全衛生と安全衛生費

(1) 会社の安全衛生責任

　労働安全衛生法は、職場における労働災害の防止および労働者の安全と健康の確保の措置を定めている。同法は、会社の責任について、
「事業者は、単にこの法律で定める労働災害の防止のための最低基準を守るだけでなく、快適な職場環境の実現と労働条件の改善を通じて職場における労働者の安全と健康を確保するようにしなければならない」
と定めている（第3条）。

　会社は、労働安全衛生法に定める災害防止措置を講ずる義務を負っているが、現実には、「災害防止のための機械・器具その他の設備への投資は、売上や利益に直結しない」「災害や健康障害を防止する設備に投資するゆとりがない」などの理由で、必要な措置を講じていない会社が少なくない。

　また、会社同士の競争が激しいから「安全衛生のための投資を削減し、コストを少しでも安くして、販売増加、受注増加につなげたい」という気持ちにとらわれる。

　しかし、そのようなことがあってはならない。

　社員は、誰もが職場の安全と衛生を希望している。また、労働災害が生じると、会社の使用者責任が問われるのみならず、会社の対外的

イメージと信用が著しく低下し、営業活動に支障が生じる。

(2) **安全衛生対策の実施**

会社は、労働災害を防止し、社員の安全と健康を守るために、必要な対策を講じなければならない。

業種によって、業務の進め方や作業環境が異なる。このため、労働安全衛生対策の内容は、業種によって異なるが、一般的には、図表8－1に示すとおりである。

このうち、健康診断については、労働安全衛生法で「事業者は、労働者に対し、厚生労働省令で定めるところにより、医師による健康診断を行わなければならない」と定められている（第66条）。

また、ストレスチェックについては、「事業者は、労働者に対し、厚生労働省令で定めるところにより、医師、保健師その他の厚生労働省令で定める者による心理的な負担の程度を把握するための検査を行わなければならない」と定められている（第66条の10）。

(3) **安全衛生費の種類**

安全衛生費としては、次のようなものがある。
 ・健康診断実施費
 ・ストレスチェック実施費
 ・産業医の委嘱料
 ・保健師・看護士の給与等
 ・危険防止の設備・器具の購入・設置費
 ・安全衛生教育実施費

図表8-1　安全衛生対策の内容

安全衛生対策	・健康診断の実施 ・ストレスチェックの実施 ・健康相談、メンタルヘルス相談 ・産業医の選任 ・安全管理者、衛生管理者の選任 ・安全委員会、衛生委員会の開催 ・危険防止の設備・器具の設置 ・職場の安全衛生の巡視、設備・施設等の定期点検 ・危険防止の作業マニュアルの作成とその周知 ・労働安全規程・労働衛生規程の作成とその周知 ・安全衛生教育の実施 ・消防訓練、避難訓練の実施 ・労働災害の原因調査、再発防止策の作成
安全衛生対策の実施ポイント	・労働安全衛生法を遵守する。法律で定められている対策は実施する。 ・計画的・組織的に取り組む。 ・現場の役職者に安全衛生の重要性を認識させる。

2 安全衛生費の管理と予算制度

　安全衛生費も、他の人件費と同じように、計画的に支出し、合理的・組織的に管理することが望ましい。
　そのような観点からすると、
　　・あらかじめ、年間の安全衛生実施計画を立てる
　　・実施内容に沿って、必要経費を算定し、予算化する
　　・対策を講じるごとに予算を支出する
という手順を踏むのがよい。
　はじめに、「どのような対策を、いつ講じるか」を計画する。計画は、次のものを十分に勘案して決定する。
　　・労働安全衛生法
　　・会社の規模、業種
　　・これまでの実績
　　・経営計画
　安全衛生対策のうち、定期健康診断は、一般的には、外部の医療機関に委託して行われる。このため、適切な医療機関を選択し、その医療機関との間でスケジュール、診断内容、診断結果の受け渡し、経費などを話し合っておく。
　実施計画の作成例を示すと、様式例8－1のとおりである。
　次に、実施計画を踏まえて経費を見積もる。経費の記載様式を示すと、様式8－2のとおりである。

様式例8-1　安全衛生実施計画

	実施月	備考
1　健康診断		
2　ストレスチェック		
3　安全委員会・衛生委員会		
4　設備・器具の安全性の点検		
5　安全衛生教育		
6　消防訓練・避難訓練		
7　その他		

様式例8-2　安全衛生経費予算

	予算	前年度実績	前年度比	備考
1　健康診断				
2　ストレスチェック				
3　その他				
計				

（参考）安全衛生費管理規程

安全衛生費管理規程

（総則）
第1条　この規程は、安全衛生費の管理について定める。
（安全衛生費予算の作成）
第2条　人事部長は、毎年度、安全衛生費予算を作成し、社長の承認を得なければならない。
2　安全衛生費予算は、次の事項を踏まえて作成しなければならない。
　(1)　経営計画
　(2)　前年度の実績
　(3)　労働安全衛生法
　(4)　その他
3　安全衛生費予算は、各部の長とよく協議して作成しなければならない。
（適正な執行）
第3条　人事部長は、安全衛生費予算について社長の承認を得たときは、これを適正に執行しなければならない。
（流用の禁止）
第4条　人事部長は、安全衛生費予算について、次のことをしてはならない。
　(1)　安全衛生費予算を安全衛生以外のために流用すること
　(2)　安全衛生費予算以外の予算を安全衛生のために流用すること
（決算報告）
第5条　人事部長は、年度が終了したときは、安全衛生費予算の決算を行い、その結果を社長に報告しなければならない。
（付則）
　この規程は、○○年○○月○○日から施行する。

(様式1) 安全衛生費予算の承認願

〇〇年〇〇月〇〇日

取締役社長殿

人事部長

〇〇年度安全衛生費予算について(伺い)

1　安全衛生実施計画

	実施月	備考
1　健康診断		
2　ストレスチェック		
3　安全委員会・衛生委員会		
4　設備・器具の安全性の点検		
5　安全衛生教育		
6　消防訓練・避難訓練		
7　その他		

2　安全衛生費予算

	予算	前年度実績	前年度比	備考
1　健康診断				
2　ストレスチェック				
3　その他				
計				

以上

(様式2) 安全衛生費予算の決算報告

〇〇年〇〇月〇〇日

取締役社長殿

人事部長

〇〇年度安全衛生費予算の決算について（報告）

1 安全衛生対策実績

		実施月	備考
1	健康診断		
2	ストレスチェック		
3	安全委員会・衛生委員会		
4	設備・器具の安全性の点検		
5	安全衛生教育		
6	消防訓練・避難訓練		
7	その他		

2 安全衛生費予算の決算

		決算	予算	予算比	備考
1	健康診断				
2	ストレスチェック				
3	その他				
	計				

以上

第9章
退職金の決め方と退職金費の管理方法

1 退職金の決め方

退職金の決め方(算定方法)には、主として、
- 退職時の基本給または所定内給与に、勤続年数別支給率を乗じて算定する(基礎給×支給率方式)
- 退職金算定のための特別給与に、勤続年数別の支給率を乗じて算定する(別テーブル方式)
- あらかじめ、勤続年数別の金額を定めておく(定額方式)
- 「点数×単価」という算定式で算定する(ポイント方式)

などがある。

(1) 基礎給×支給率方式
① 基礎給の決め方

これは、退職時の「基礎給」に、勤続年数別に定められた支給率を掛けることによって、退職金を算定するというものである。

基礎給の決め方としては、
- 基本給
- 基本給に一定率を掛けた額
- 基本給に職務関連の手当(営業手当、役付手当など)を加えたもの

などがある(図表9-1)。

基本給の全部またはその一定割合を基礎給として採用している会社

が多い。

　基本給は、給与の基本を構成するもので、仕事の内容、仕事のできる能力のレベル、仕事上の役割や責任の重さなどを評価して決められる。したがって、基本給を退職金算定の基礎とするのは、合理的・説得的といえる。

図表9－1　基礎給の決め方

	例
基本給	基本給の全額
基本給×一定率	基本給×80％
基本給＋職務関連手当	基本給＋役付手当＋営業手当＋その他

② 支給率の決め方

　一方、支給率は、勤続年数を基準として、

　勤続5年　　　4.0

　勤続10年　　10.5

　勤続15年　　18.0

　勤続20年　　23.0

という具合に決められる。

　退職金は、長期勤続に対する功労金という性格を持っている。このため、勤続年数を基準として支給率を決めるのは合理的である。

　例えば、勤続30年で退職する社員がいて、この社員の基本給が40万円であるとする。また、勤続30年の支給率が「30.0」とする。

　この場合、退職金は、次のように算定される。

　（退職金）40万円×30＝1,200万円

　支給率の決め方には、

・支給率の格差が勤続1年ごとに等差級数的に増加していく「一律増加型」（図表9－2）
・支給率が数年ごとに段階的に大きくなる「段階的増加型」（図表9－3）
・勤続が長くなるにつれて、支給率格差が1年ごとに増大していく「累進的増加型」
・上記3つの型をいろいろと組み合わせた「混合型」

などがある。

なお、勤続30年、40年など一定の年数をもって、支給率の増加を頭打ちにしている会社もかなり見られる。

「退職時基礎給×勤続年数別支給率」方式は、
・算定方式として合理的である
・社員に分かりやすい
・比較的簡単に設計できる

などのメリットがある。このため、広く採用さている。

図表9－2　勤続年数別支給率表（一律増加型）

勤続年数	支給率	勤続年数	支給率	勤続年数	支給率
3	2.0	17	16.0	31	30.0
4	3.0	18	17.0	32	31.0
5	4.0	19	18.0	33	32.0
6	5.0	20	19.0	34	33.0
7	6.0	21	20.0	35	34.0
8	7.0	22	21.0	36	35.0
9	8.0	23	22.0	37	36.0
10	9.0	24	23.0	38	37.0

11	10.0	25	24.0	39	38.0
12	11.0	26	25.0	40	39.0
13	12.0	27	26.0	41	40.0
14	13.0	28	27.0	42	41.0
15	14.0	29	28.0	43	42.0
16	15.0	30	29.0	44	43.0

図表9-3　勤続年数別支給率表（段階的増加型）

勤続年数	支給率	勤続年数	支給率	勤続年数	支給率
3～5	4.0	18～20	18.0	33～35	33.0
6～8	6.0	21～23	21.0	36～38	36.0
9～11	9.0	24～26	24.0	39～41	39.0
12～14	12.0	27～29	27.0	42～44	42.0
15～17	15.0	30～32	30.0	45～47	45.0

(2) **別テーブル×支給率方式**

　退職金を「退職時給与（基本給または所定内給与）×勤続年数別支給率」で算定すると、定期昇給で給与が上昇すると、退職金も自動的・機械的に増加する。退職金の負担額が年々増加するのは、会社にとって大きな問題である。

　そのような問題を回避するための1つの工夫が「別テーブル方式」である。すなわち、退職金算定のための特別の給与テーブルを作成するというものである。別テーブルの例を示すと、図表9-4のとおりである。

　この方式の場合、給与が定期昇給で上昇しても、別テーブルには影響しない。したがって、退職金の負担が自動的に増加するという問題はない。

別テーブルの作り方には、
- ・勤続年数を基準とする
- ・資格等級別、勤続年数別に作る
- ・職種別、勤続年数別に作る
- ・コース別、勤続年数別に作る

などがある。

図表9－4　算定基礎額表（単位：万円）

勤続年数	基礎額	勤続年数	支給額	勤続年数	支給額
3	14.5	17	21.5	31	28.5
4	15	18	22	32	29
5	15.5	19	22.5	33	29.5
6	16	20	23	34	30
7	16.5	21	23.5	35	30.5
8	17	22	24	36	31
9	17.5	23	24.5	37	31.5
10	18	24	25	38	32
11	18.5	25	25.5	39	32.5
12	19	26	26	40	33
13	19.5	27	26.5	41	33.5
14	20	28	27	42	34
15	20.5	29	27.5	43	34.5
16	21	30	28	44	35

(3) **定額方式**

これは、あらかじめ定額で退職金を決めるというものである。例えば、

勤続5年　　　45万円

勤続10年　　125万円
勤続20年　　365万円
勤続30年　　765万円

という具合に決める（図表９－５）。

決め方には、

・勤続年数を基準として、全社員一律に決める

・資格等級別、勤続年数別に決める

・職種別、勤続年数別に決める

・コース別、勤続年数別に決める

などがある。

この方式は、社員にとって分かりやすいというメリットがある。しかし、その反面、

・年功型である

・仕事上の成果や会社への貢献度が反映されない

などの問題がある。

図表９－５　定額退職金（単位：万円）

勤続年数	支給額	勤続年数	支給額	勤続年数	支給額
3	25	17	295	31	815
4	35	18	325	32	865
5	45	19	335	33	915
6	60	20	365	34	965
7	75	21	405	35	1,015
8	90	22	445	36	1,065
9	105	23	485	37	1,115
10	125	24	525	38	1,165

11	145	25	565	39	1,205
12	165	26	605	40	1,255
13	185	27	645	41	1,305
14	205	28	685	42	1,355
15	235	29	725	43	1,405
16	265	30	765	44	1,455

(4) **ポイント方式**

これは、資格等級などを基準として「在級1年当たりのポイント」を決め、退職時におけるその総ポイントに単価を掛けて退職金を算定するというものである。

① 資格等級ポイント方式

いま、資格等級だけを基準としてポイントを決める方式を取り上げて説明すると、次のとおりである。

在級1年当たりの資格等級ポイントが、図表9-6のように決められているとする。

図表9-6 資格等級別点数表

資格等級	在級1年当たり点数
社員1級	8
社員2級	12
社員3級	16
社員4級	20
社員5級	25
社員6級	30

社員7級	35
社員8級	42
社員9級	50

　いま、勤続30年で退職する社員の資格等級歴が、次のとおりであるとする

　　　　社員1級　　3年
　　　　社員2級　　3年
　　　　社員3級　　4年
　　　　社員4級　　2年
　　　　社員5級　　3年
　　　　社員6級　　4年
　　　　社員7級　　4年
　　　　社員8級　　6年
　　　　社員9級　　1年

この社員の総ポイントは、次のように計算される。

　　　　社員1級　　 8点×3年＝ 24点
　　　　社員2級　　12点×3年＝ 36点
　　　　社員3級　　16点×4年＝ 64点
　　　　社員4級　　20点×2年＝ 40点
　　　　社員5級　　25点×3年＝ 75点
　　　　社員6級　　30点×4年＝120点
　　　　社員7級　　35点×4年＝140点
　　　　社員8級　　42点×6年＝252点
　　　　社員9級　　50点×1年＝ 50点
　　　　　　計　　　　　801点

1点当たりの金額（単価）を「15,000円」とすると、この社員

の退職金は、次のように算定される。

(退職金) 801点×15,000円=12,015,000円

② 職位ポイント方式

これは、職位ごとにポイントを決めるというものである。

いま、職位ポイントが次のように決められているとする。

　　社員　　15点
　　係長　　25点
　　課長　　35点
　　部長　　50点

また、勤続25年で退職する社員の職位歴が次のようであったとする。

　　社員　　7年
　　係長　　6年
　　課長　　10年
　　部長　　2年

この社員の総ポイントは、次のように計算される。

　　社員　　15点×7年=105点
　　係長　　25点×6年=150点
　　課長　　35点×10年=350点
　　部長　　50点×2年=100点
　　　計　　　　　　705点

1点当たりの金額（単価）を「15,000円」とすると、この社員の退職金は、次のように算定される。

(退職金) 705点×15,000円=10,575,000円

③ ポイントの決め方

ポイントの決め方には、

・資格等級ポイントだけで決める
・資格等級ポイントと勤続年数ポイントで構成する
・職位ポイントだけで決める
・職位ポイントと勤続年数ポイントで構成する

などがある。

(5) **各方式の特徴**

それぞれの退職金算定方式には、メリットと問題点とがある。メリットと問題点を整理すると、図表9－7のとおりである。

図表9－7　各算定方式のメリットと問題点

	メリット	問題点
退職時基礎給×支給率方式	○社員にとって分かりやすい。 ○給与を退職金算定の基礎としているので、合理的・説得的である。 ○広く採用されているので、社員の理解が得られやすい。	●定期昇給に伴って、退職金が自動的に増加する。 ●給与が年功序列的に決まると、退職金も年功序列的となる。
別テーブル方式	○昇給の影響を遮断できる。	●合理的な別テーブルを作成するのが難しい。
定額方式	○きわめて分かりやすい。	●在職中の成果や会社への貢献度が退職金に反映されない。 ●合理的な金額を設定するのが難しい。

ポイント方式	○組織での役割や責任の重さを退職金に反映できる。 ○職務遂行能力のレベルや業績への貢献度を退職金に反映できる。 ○定期昇給の影響が退職金に及ぶのを回避できる。	●一般の社員にとって分かりにくい。 ●資格等級ごと、職位ごとのポイントの設定が難しい。

2 退職金制度の決定事項

　退職金制度を実施するときは、算定方法のほかに次の事項を決めることが必要である。

(1) **退職金制度の適用対象者**

　退職金制度の適用対象者を決める。

　退職金を支給するかしないかは、各社の自由である。労働基準法で支給が義務付けられているわけではない。

　対象者の範囲については、
　・全ての正社員に適用する
　・一部の職種・職位・職掌に適用する
の2つがある。

　退職金制度は、経費のかかる人事制度ではあるが、勤労意欲の向上や定着率の改善などに効果が期待できる。このため、全ての社員を対象として実施することが望ましい。

(2) **退職金の支給条件**

　退職金は、「在職中の業績に対する功労」という性格を持っている。仕事を通して会社の業績に貢献するには、業務上の知識や技術・技能をマスターしなければならないが、それには一定期間以上勤務する必要がある。

　仕事の内容にもよるが、業務上の知識や技術や技能を習得するには、数年は必要であろう。6ヶ月や1年程度では、知識・技術・技能を習得して業績に貢献するのは、困難であろう。このため、勤続2、3年以上勤務した者に支給するのが妥当であろう。

(3) 自己都合退職者の取扱い

　会社の立場からすると、社員は、できる限り長く勤務し、職場の戦力として活躍してくれることが望ましい。社員が自己都合で辞めると、補充者を採用しなければならないが、募集・採用には費用もかかれば、時間もかかる。また、採用した者は、すぐには戦力にはならない。

　このようなところから、一定期間以下の自己都合退職については、退職金の額を減額している会社が少なくない。

　自己都合退職者の取扱いを定める（図表9－8）。

図表9－8　自己都合退職者の取扱い

いっさい減額しない	
減額率を一律に決める	勤続20年以下の場合は、所定退職金を一律20％減額する
勤続年数別に減額率を決める	減額率を次のとおりとする。 勤続5年未満　　　　　　15％ 勤続5年～10年未満　　　10％ 勤続10年～15年未満　　　5％ 勤続15年以上　　　　　　0％

(4) 功労加算その他

① 功労加算

　退職社員の中には、在職中、営業、商品開発、技術開発、品質向上、あるいは業務の合理化・コストダウンなどの面において、著しい功労のあった者がいる。そのような者に対しては、所定の退職金の一定割合を上積み支給するのが望ましい。所定の退職金を支給するだけで済ませるというのは、人情味に欠ける。

　功労加算を行う場合には、その上限を定める。一般的には、退職金の30％程度の範囲内で功労金を支給するのが妥当である。

② 懲戒解雇者の取扱い

　懲戒解雇処分を受けた者に対しては、退職金は支給しないものとする。ただし、諭旨退職（会社の退職勧奨に応じての退職）のときは、情状により50％以上を減額して支給する。

③ 支払方法と支払時期

　支払については、
　・一括して支払う
　・2回以上に分割して支払う
の2つがある。

　退職金は、定年退職でも自己都合退職でも、できる限り早期に支払うことが望ましい。退職者も、早期の支払いを希望している。ただし、後任者との引き継ぎが十分でないときなどは、支払いを遅らせるのも止むを得ないであろう。

④ 死亡退職のとき

　社員が死亡したときは、退職金は遺族に対して支払う。遺族の範囲および順位は、労働基準法施行規則第42条から第45条までの規定を適用する。

図表９－９　退職金制度の内容

	例
1　制度の適用対象者	正社員全員
2　支給条件	勤続３年以上の者が円満退職するとき
3　自己都合退職の取扱い	減額率を次のとおりとする。 勤続５年未満　　　　　　15％ 勤続５年～10年未満　　　10％ 勤続10年～15年未満　　　 5％ 勤続15年以上　　　　　　 0％
4　功労加算	在職中特に功労のあった者に対しては、所定の退職金の30％の範囲内で功労加算を行う。
5　懲戒解雇者の取扱い	退職金は支給しない。ただし、諭旨退職のときは、情状により50％以上を減額して支給する。
6　支払方法	全額を一括して支払う。
7　支払時期	退職日から２週間以内に支払う。ただし、次のいずれかに該当するときは、その事案が解決したときとする。 ・後任者との引き継ぎが十分でないとき ・会社の貸与品を返還しないとき ・会社の貸付金を返済しないとき ・その他退職に当たり会社の指示命令に従わないとき
8　死亡退職のとき	退職金は遺族に対して支払う。遺族の範囲および順位は、労働基準法施行規則第42条から第45条までの規定を適用する。

3　退職金費の管理と予算制度

(1)　退職金費予算制度の実施

　退職金は、「退職金規程」の定めに従って公正に算定されることが必要である。支給を受ける権利を有する退職者に対して、所定の金額が、退職後出来る限り早い時期に、確実に支給されなければならない。当然のことながら、定年退職者はもちろんのこと、自己都合で退職する者も、退職金が迅速かつ確実に支給されることを期待している。

　退職金を迅速かつ確実に支給するために、予算制度を実施するのが望ましい。すなわち、毎年度、

　①　定年退職、自己都合退職の区分ごとに、退職者数を見込み、
　②　退職者数に見合う額の退職金総額を算定する
　③　そのうえで、退職金費（退職金総額）を計画的に手配しておき、
　退職者が出たときは、退職金規程に定める金額を確実に支給するという態勢を整える。

(2)　退職金費予算制度の実施手順

①　退職者数の見込み

　退職金費予算制度においては、退職者の数を見込むことが必要となる（様式例9－1）。

　定年は、就業規則において「60歳」とか、「65歳」というように明記されている。また、会社は、社員各人の年齢を把握している。このため、退職者のうち、定年退職者の人数は、ほぼ100％の精度で予測可能である。

　これに対して、自己都合退職は、本人の自由意思によるものであるから、その人数を予測することは大変難しい。会社の見込みを上回る数の退職者が出る年もあれば、下回る年もある。

一般的には、「世間の景気が良いときは、転職・再就職が比較的簡単にできるので退職者が多く出る」「世間の景気が厳しいときは、転職・再就職が容易ではないため、離職者が出にくい」といわれる。確かに、そのような傾向があるかもしれない。しかし、現実問題として、世間の景気をもとに自社の自己都合退職者数を数値で予測するのは不可能に近い。

　自己都合退職者の人数は、過去の実績を踏まえて見込むしかない。すなわち、過去4、5年の実績を調べて、その平均値を採用する。例えば、毎年10～15名程度が退職していれば、その平均数を採用し、予算年度の退職者数を13名と見込む（様式例9－2）。

様式例9－1　退職者見込み数

	当年度	前年度実績	前年度比	備考
定年退職者				
自己都合退職者				
計				

様式例9－2　自己都合退職者の実績調査

	総社員数（A）	自己都合退職者数(B)	退職率（A/B）
2011	210	15	7.1%
2012	199	11	5.5%
2113	201	16	8.0%
2014	220	14	6.4%
2015	205	10	4.9%
平均値	—	13.2	6.4%

第9章　退職金の決め方と退職金費の管理方法

② 退職金費（支給総額）の算定
ア　定年退職者の退職金
　定年退職者については、個人ごとに、
　・勤続年数
　・退職時の給与
を完全に把握できる。したがって、退職金を正確に算定できる（様式例9－3、図表9－4）。

様式例9－3　定年退職者の退職金の算定（退職時基本給×勤続年数別支給率方式の場合）

	氏名	基本給（A）	勤続年数(B)	勤続年数に対応する支給率(C)	退職金(A×C)
1	○○○○				
2	○○○○				
	合計	―	―	―	

図表9－4　定年退職者の退職金の算定（資格等級ポイント方式の場合）

	氏名	資格等級歴（A）	資格等級ポイント（B）	単価（C）	退職金（Bの合計ポイント×C）
1	○○○○	社員1級 ○年 社員2級 ○年 社員3級 ○年 社員4級 ○年 社員5級 ○年	社員1級 ○年×○点＝○○点 社員2級 ○年×○点＝○○点 社員3級 ○年×○点＝○○点 社員4級 ○年×○点＝○○点 社員5級 ○年×○点＝○○点		

		社員6級 〇年 社員7級 〇年 社員8級 〇年 社員9級 〇年	社員6級 〇年×〇点＝〇〇点 社員7級 〇年×〇点＝〇〇点 社員8級 〇年×〇点＝〇〇点 社員9級 〇年×〇点＝〇〇点 合計　〇〇点		
2	〇〇〇〇	社員1級 〇年 社員2級 〇年 社員3級 〇年 社員4級 〇年 社員5級 〇年 社員6級 〇年 社員7級 〇年 社員8級 〇年 社員9級 〇年	社員1級 〇年×〇点＝〇〇点 社員2級 〇年×〇点＝〇〇点 社員3級 〇年×〇点＝〇〇点 社員4級 〇年×〇点＝〇〇点 社員5級 〇年×〇点＝〇〇点 社員6級 〇年×〇点＝〇〇点 社員7級 〇年×〇点＝〇〇点 社員8級 〇年×〇点＝〇〇点 社員9級 〇年×〇点＝〇〇点 合計　〇〇点		
合計		―	―	―	

イ　自己都合退職者の退職金

　これに対して、自己都合退職者の場合は、勤続年数および退職時の給与は、人によってバラバラであるので、退職金の算定は、困難である。

　自己都合退職者の退職金総額は、次の算定式で算定する。

　退職金総額＝退職者見込み数×過去の1人平均退職金実績

　例えば、退職者の見込み数が13人、過去の1人平均の退職金が180.6万円であるときは、退職金の総額は、次のとおりとなる（様

式例9-5)。

(退職金総額)　13人×180.6万円＝2,347.8万円

様式例9-5　自己都合退職者の退職金実績調査

	自己都合退職者数 (A)	退職金総額 (B)	1人平均退職金 (B/A)
2011	15	2,253.0	150.2
2012	11	2,236.3	203.3
2113	16	2,835.2	177.2
2014	14	2,251.2	160.8
2015	10	2,115.0	211.5
平均値	13.2	2,338.1	180.6

ウ　退職金費の算定

定年退職者の退職金と自己都合退職者の退職金とを合計したものを退職金費として計上する(様式例9-6)。

様式例9-6　退職金予算表

	予算	前年度実績	前年度比	備考
定年退職者				
自己都合退職者				
計				

③　予算の執行

人事部長は、退職金費の予算が社長または役員会で承認されたときは、次のものを遵守してこれを適正に執行する。

・金銭出納規程
・業務分掌
・職務権限規程
・退職金規程

④ 予算の修正

予算の作成・運用に携わる者の立場からすると、退職者は、当初の見込み通りに推移することが望ましい。しかし、実際には、見込みが狂うことがある。

退職者数が見込み数を大きく上回ると、退職金の支給総額が増加し、予算が不足する。例えば、退職者数を10名程度と予測していたのに、15名、20名の退職者が生じると、用意していた予算では足りなくなる。このような場合には、予算を修正する（様式例9－7）。

様式例9－7　退職金費予算の修正

(1) 退職者見込み数

	修正見込み数	当初の見込み数	当初の見込み比	備考
定年退職者				
自己都合退職者				
計				

(2) 退職金費

	修正額	当初の金額	当初比	備考
定年退職者				
自己都合退職者				
計				

⑤ 退職金費予算の決算

年度が終了したときは、決算を行い、その結果を次年度の予算作成に活かす（様式例9－8）。

予算を作成するだけで、決算を行わないというのは、好ましくない。

様式例9－8　退職金費の決算

(1) 退職者数

	実績	見込み数	見込み数比	備考
定年退職者				
自己都合退職者				
計				

(2) 退職金費

	決算	予算	予算比	備考
定年退職者				
自己都合退職者				
計				

（参考）退職金費管理規程

退職金費管理規程

（総則）
第1条　この規程は、退職金費の管理について定める。
（退職金費予算の作成）
第2条　人事部長は、毎年度、退職金費予算を作成し、社長の承認を得なければならない。
2　退職金費予算は、次の事項を踏まえて作成しなければならない。
　⑴　社員の年齢構成
　⑵　前年度の実績
　⑶　退職金規程
　⑷　その他
（適正な執行）
第3条　人事部長は、退職金費予算について社長の承認を得たときは、次のものを誠実に遵守してこれを適正に執行しなければならない。
　⑴　金銭出納規程
　⑵　業務分掌
　⑶　職務権限規程
　⑷　退職金規程
（流用の禁止）
第4条　人事部長は、退職金費予算について、次のことをしてはならない。
　⑴　退職金費予算を退職金以外のために流用すること
　⑵　退職金費予算以外の予算を退職金のために流用すること
（修正予算の作成）
第5条　人事部長は、退職者数が見込み人員を超過するために、退職金費予算の不足が見込まれるときは、修正予算を作成し、社長の承認を得なければならない。
（決算報告）
第6条　人事部長は、年度が終了したときは、退職金費予算の決算を行い、その結果を社長に報告しなければならない。
（付則）
　この規程は、〇〇年〇〇月〇〇日から施行する。

（様式１）退職金費予算の承認願

〇〇年〇〇月〇〇日

取締役社長殿

人事部長

〇〇年度退職金費予算について（伺い）

1　退職者見込み数

	見込み数	前年度実績	前年度比	備考
定年退職者				
自己都合退職者				
計				

（注）　自己都合退職者とは、次の事由による退職者をいう。①転職、②結婚・妊娠・出産・育児、③介護、④健康、⑤その他個人的な事由

2　退職金費

	予算	前年度実績	前年度比	備考
定年退職者				
自己都合退職者				
計				

付表１　過去５年の退職者数の推移

	定年退職者数	自己都合退職者数	計
2011			
2012			
2013			
2014			
2015			

付表2　過去5年の退職金費の推移

	定年退職者退職金	自己都合退職者退職金	計
2011			
2012			
2013			
2014			
2015			

以上

(様式2) 退職金費修正予算の承認願

○○年○○月○○日

取締役社長殿

人事部長

　　　　　○○年度退職金費予算の修正について（伺い）

1　退職者見込み数

	修正見込み数	当初の見込み数	当初の見込み比	備考
定年退職者				
自己都合退職者				
計				

2　退職金費

	修正予算	当初予算	当初予算比	備考
定年退職者				
自己都合退職者				
計				

以上

(様式3)退職金費予算の決算報告

〇〇年〇〇月〇〇日

取締役社長殿

人事部長

〇〇年度退職金費予算の決算について(報告)

1　退職者数

	実績	見込み数	見込み比	備考
定年退職者				
自己都合退職者				
計				

2　退職金費

	決算	予算	予算比	備考
定年退職者				
自己都合退職者				
計				

付表1　部門別退職者数

部門	当年度	前年度	前年度比

付表2　退職事由別退職者数（自己都合退職者）

退職事由	当年度	前年度	前年度比
1　転職			
2　結婚・妊娠・出産・育児			
3　介護			
4　健康			
5　その他			

以上

第10章
募集・採用費の決め方と管理方法

1　新卒者の募集方法

(1) 就職サイト

　就職サイトは、就職情報会社が運営する就職専用のサイトである。通常、○○ナビと呼ばれている。リクルート社の「リクナビ」、マイナビ社の「マイナビ」、日経グループの「日経就職ナビ」などは、代表的な就職サイトである。

　就職サイトには、すべての業種にわたって多数の採用情報が掲載されている。また、学生は、氏名や学校名などを登録するだけで、就職サイトをいつでも自由に閲覧できる。このため、就職を予定している学生のほとんどが利用している。

　学生の就職活動には、図表10－1に示すようにさまざまなものがあるが、就職サイトへの登録は、最も利用率が高い。

　就職サイトは、採用情報を告知し、募集する手段として適している。しかし、

　・掲載に相当の費用を必要とする
　・会社の知名度が低いと閲覧してもらえない（学生は、どうしても有名企業、大企業の情報を閲覧する）

などの問題がある。

図表10－1　学生の就職活動の内容

```
1   就職サイトに登録する。
2   会社の採用ホームページを見る。
3   フェイスブックなどのソーシャル・ネットワーキング・システムを
    見る。
4   合同会社説明会に参加する。
5   会社が単独で実施する会社説明会に参加する。
6   大学が主催する就職ガイダンスを受ける。
7   業界研究セミナーに参加する。
8   会社に会社案内を請求する。
9   会社に先輩を訪ねて相談する。
10  友人と就職情報を交換する。
11  大学のキャリアセンター（就職部）に行く。
12  家族と就職について話す。
```

(2) **採用ホームページ**

　採用専門のホームページを立ち上げ、採用情報を公開し、募集する。

　就職サイトは、多くの学生に採用情報を伝達できるというメリットがあるが、就職情報会社が指定する情報しか掲載できない。会社が学生に提供したいと考える情報のすべてを公開できるわけではない。

　これに対し、採用ホームページは、自社の考えや方針に沿ってそのコンテンツを自由に決めることができる。また、社員が制作すれば、コストはあまりかからない。

　採用ホームページを立ち上げるときは、アクセスした学生に魅力を感じてもらえるよう、コンテンツの内容に工夫すべきである。工夫すれば、会社の魅力を高めることができる。学生に強い印象を与え、応募を勧誘することができる。

(3) **ソーシャル・ネットワーキング・システム（SNS）**

　フェイスブック、ブログ、ツイッターなど、いわゆるソーシャル・ネットワーキング・システム（SNS）に採用情報を掲載し、応募を

呼び掛ける。

　ソーシャル・ネットワーキング・システム（SNS）による募集（ソーシャル・リクルーティング）は、
　　・募集コストが安く済む
　　・多くの学生に採用情報を提供できる
　　・会社の雰囲気や風土を知らせることができる
などのメリットが期待できる。

(4) **会社説明会**

① 　合同会社説明会

　就職支援会社や新聞社などが主催する合同会社説明会に参加して、採用情報を提供し、応募を働きかける。

　合同会社説明会は、主催者が各種のメディアなどを使って参加者を集めてくれるので、会社にとって誠に便利である。会社は、参加者を集める苦労、会場を確保する苦労をしないで済む。このほか、
　　・一度に多くの学生に会社をPRできる
　　・学生に直接会社をPRできる
というメリットもある。このため、
　　・どの団体や機関がいつ、どこで合同会社説明会を開催するか
　　・参加費はいくらか
などについての情報を収集し、必要に応じて参加するのがよい。

② 　単独の会社説明会

　会社単独で、採用情報を提供する説明会を開催する。
　参加者は、
　　・就職サイトへの掲載
　　・採用ホームページへの掲載

- 勧誘の連絡（就職サイト経由でプリエントリーした学生に対し、電話・メール等で会社説明会を開催する旨連絡し、参加を勧誘する
- 大学へのポスターの掲示
- 求人票への記載
- 就職情報誌への広告

などで募集する。

　会社説明会は、会社単独で実施するので採用情報を詳しく説明できる。
　会社への就職に多かれ少なかれ一定の関心を持っている者だけが参加するので、話を熱心に聞いてくれる。

(5) 学内セミナーその他

① 学内セミナー

　大学が主催する就職のためのセミナーに参加し、採用情報を伝える。
　大学が主催してくれるので、会場の手配をしたり、会場内のセットをしたりするという手間はかからない。
　出席者が熱心に話を聴いてくれるのも、学内セミナーの特徴である。
　しかし、一度に複数の会社が呼ばれているので、1社当たりの持ち時間が制限される。このため、会社の概要や採用情報を記載した冊子またはペーパーを参加者に配布し、口頭による説明を補完するのがよい。

② 大学への求人票の送付

　大学のキャリアセンター（就職部）に求人票を送付し、掲示してもらう。
　求人票の送付は、
- 費用が少なくて済む（郵送費だけ）
- 送付すれば必ず掲示される

というメリットがある。

しかし、その反面、
　・どれだけの学生が見てくれるか予想が付かない
　　・提供できる情報の内容と量が限定される
などの問題点がある。

③　ハローワークの利用

　ハローワーク（公共職業安定所）に求人票を出す。

　ハローワークは、国の機関であるから、信頼できる。利用料が無料であるというのも、メリットである。

　しかし、学生のなかには、ハローワークに行かない者も少なくない。また、提供できる情報の内容と量が限定されるのも、問題といえる。

　各募集方法の特徴を一覧にして示すと、図表10－2のとおりである。

図表10－2　各募集方法の特徴

	メリット	問題点
就職サイト	・多くの学生に採用情報を提供できる。 ・会社の必要に応じて、各種のオプションサービスを選択できる。 ・新卒採用市場の動向や他社の採用情報などを、サイト運用会社から入手できる。	・相当の費用がかかる。 ・会社の知名度が低いと、閲覧してくれる学生が少ない。
採用ホームページ	・自社の考えや方針で自由に制作できる。 ・自社で制作すれば、コストが少なくて済む。	・会社の知名度が低いとアクセスしてくれる学生が少ない。

ソーシャル・ネットワーキング・システム（SNS）	・募集コストが安く済む ・多くの学生に採用情報を提供できる。 ・情報の内容を自由に決められる。 ・会社の雰囲気や風土を知らせることができる。	
合同会社説明会	・自社単独で開催する場合に比較し、学生を集める手間を省ける。 ・一度に多くの学生に会社をPRできる。 ・学生に直接会社をPRできる。	・相当の参加費がかかる。 ・出展他社の影響を大きく受ける。
会社説明会	・会社に関心を持っている者だけが参加しているので、話を熱心に聞いてくれる。 ・会社の採用方針を詳しく説明できる。 ・参加受付票やアンケートなどにより、参加者の個人情報を収集し、その後の採用活動に役立てることができる。	・企画と準備に相当の時間がかかる。 ・運営方法に工夫しないと、会社についてマイナスのイメージを持たれる。 ・質問への答え方が適切でないと、参加者から会社の採用意欲を疑われる。
学内セミナー	・出席者は熱心に話を聴いてくれる。 ・会場の手配・準備の手間がかからない。	・開催日時や時間数について、会社の裁量性がない。
大学への求人票の送付	・費用がかからない。 ・学内に必ず掲示される。	・どれだけの学生が見てくれるか予想が付かない。 ・提供できる情報の内容と量が限定される。
ハローワーク	・国の機関であるから、信頼できる。 ・利用料が無料である。 ・全国に設置されている。	・学生のなかには、ハローワークに行かない者も少なくない。 ・提供できる情報の内容と量が限定される。

2　内定者管理の方法

(1) 内定者管理の目的

　会社は、応募者について選考を行い、最終的に採用内定を出すわけであるが、それまでに投ずるコストと労力には、相当のものがある。

　多くのコストと労力を投じて採用を内定した応募者に入社を辞退されると、当然のことながら大変困る。

　書類審査、筆記試験、面接等の選考手続きで採用を内定した以上、全員を確実に入社に導くことが求められる。内定者を確実に入社に導くために行う一連の働きかけを「内定者管理」という。

図表10-3　内定者管理の目的

① 確実に入社に導くこと。他社へのくら替えを防ぐこと。
② 入社についての不安を解消すること。入社への動機づけを図ること。
③ 会社と仕事についての基礎的知識を付与すること。早期戦力化の基盤を形成すること。

(2) 内定者管理の方法

　内定者管理には、主として、次のような方法がある。

① 定期的に連絡する
② 定期的に近況を報告させる
③ 内定者懇親会を開く
④ 内定式を開く
⑤ 社内報を送付する
⑥ 会社施設の見学会を開く
⑦ 自社でアルバイトをさせる
⑧ インターンシップを実施する
⑨ 家族への説明会・会社見学会を開く

⑩　入社前研修を実施する

これらのうち、内定式はきわめて重要である。

応募者の立場からすると、会社から内定通知書を受け取るのは嬉しい。履歴書・エントリーシートの提出からはじまり、書類審査、筆記試験、面接（一次面接、二次面接、役員面接）と長いプロセスを経ているだけに、喜びは大きい。しかし、通知書だけでは、「会社に入る」という実感はあまり湧かないであろう。

「会社に入る」という実感を持ってもらうためには、内定式を開催するのがベターである。他の内定者と顔を合わせ、社長の挨拶を聞くことにより、「この会社に入る」「この会社の一員となる」という実感が湧く。また、「この会社で頑張ろう」という気持ちが生まれる。

図表10－4　内定者管理の経費

1	定期的連絡	通信費
2	定期的近況報告	通信費
3	内定者懇親会	交通費／宿泊費（遠方の者）／飲食代
4	内定式	交通費／宿泊費（遠方の者）
5	社内報送付	郵送費
6	会社施設見学会	交通費／宿泊費（遠方の者）
7	会社でのアルバイト	
8	インターンシップ	交通費／宿泊費（遠方の者）
9	家族の会社見学会	交通費／宿泊費（遠方の者）
10	入社前研修	教材作成費／食事代／交通費／日当／宿泊費（遠方の者）

3　新卒者採用費の管理と予算制度

(1)　採用費の管理と予算制度

　新卒者の募集・採用には、相当のコストがかかる。また、新卒者の採用は、他社との激しい競争の中で行われるので、「予定数を確実に採用したい」「予定人員を獲得しなければ……」という思いから、コストはとかく増大しがちである。

　会社の業務は何ごとも、あらかじめ一定の経費を計上したうえで、その経費を効率的・合理的に支出することにより遂行されなければならない。経費が合理的に決められていないと、必要以上に支出が増大してしまう。

　新卒者の採用活動も、同様である。あらかじめ経費の総額を合理的に決め、その枠のなかで採用業務を遂行していくのが合理的である。

(2)　採用費予算制度の実施手順

① 　採用予定人員の決定

　はじめに、採用予定人員を決める。

　採用人員をどのよう決めるべきかは、きわめて難しい経営テーマであるが、一般的には、

・中期経営計画
・退職者数の実績
・退職者数の今後の見込み
・新卒者の採用実績
・新卒者採用市場の動向
・会社の業績

などを総合的に踏まえて決定するのが合理的・論理的である。

　新卒者の場合、離職率が比較的高いという現実がある。採用した者

の全員が20年、30年と長く勤務するわけではない。厚生労働省が毎年、雇用保険被保険者の記録から実施している調査(「新規学卒就職者の離職状況調査」)によると、4年制大卒の場合、約30%が採用後3年以内に離職している。

　離職者が多いと、要員が不足することになり、今後の成長発展に支障が生じる。

　離職率が比較的高い会社では、これまでの離職率を勘案し、多めに採用するのが現実的といえよう。

　採用人員は、学歴別、文系・理系別、あるいは事務系・営業系・技術系別に積上計算する(様式例10-1)。

　コース別採用を実施している会社の場合は、総合職・一般職の別に計上する。

様式例10-1　採用予定人員表(学歴別、文系・理系別)

	予定	前年度実績	前年度比	備考
高校				
専門学校、高等専門学校				
短大				
大学・大学院				
計				
(再掲)文系				
理系				
計				

② 採用経費の計上

　採用経費は、

　・募集(採用広報)に要する経費

　・内定者管理に要する経費

に大別できる。

　このうち、募集経費としては、
　・就職情報サイトの掲載料
　・ホームページの制作費
　・会社案内の制作費
　・会社説明会の開催費
　・合同会社説明会への参加費
などがある。

　どのような方法で募集するかを決め、それに要する費用を計上する（様式例10-2）。

　新卒者の場合、内定と採用日（入社日）との間に相当の期間がある。内定者の管理が不十分であると、その期間に内定を辞退される可能性がある。内定を辞退されると、募集・採用活動に要した金銭と労力が無駄になってしまう。このため、合理的・現実的な内定者管理を行うのがよい。

　自社の業種・業態および規模を踏まえ、
　・どのような方法で内定者を管理するか
　・いつから内定者管理を行うか
を決める。

　そして、内定者管理に要する経費を計上する。

様式例10－2　採用費予算表

	予算	前年度実績	前年度比	備考
1　就職情報サイト掲載料				
2　採用ホームページ制作費・管理費				
3　会社案内制作費・印刷費				
4　会社説明会開催費				
5　内定者管理費				
6　諸雑費				
計				

③　業務委託の手続き

　新卒者の採用業務は、採用広報（就職情報サイトへの掲載、会社説明会の開催、会社案内の制作、その他）、応募書類（エントリーシート、履歴書、その他）の受付・整理・保管、採用選考（書類選考、適性検査、筆記試験、面接試験、その他）、採用・不採用の通知、内定者管理など、きわめて多岐にわたる。殺到するエントリーシートに目を通すだけでも、大変な作業である。

　人事部のスタッフは、限られている。限られたスタッフで、限られた期間内で、これらの業務をすべて処理するのは、相当にきつい。このため、採用業務の一部を外部に委託することが考えられる。

　採用業務の一部を外部へ委託する場合には、社長に次の事項を申し出て、その承認を得ることにする。

・委託する業務の内容

・委託する理由

・委託先

・委託料とその支払条件

・その他

④　採用費予算の修正

　経営環境は、常に変化する。会社にとって望ましい方向に変化することもあれば、望ましくない方向に変化することもある。経営環境が変化すれば、業績（売上、利益）に影響が出る。

　新卒者の採用市場も、変化する。売手市場になることもあれば、買手市場に変わることもある。

　経営環境や採用市場が大きく変化したときは、必要に応じて採用予算を修正する。経営環境や労働市場の状況が大きく変化したにもかかわらず、当初の予算に固執するのは問題である（様式例10－3）。

様式例10-3　採用費予算修正表

1　採用人員

	修正採用人員	当初採用予定人員	当初比	備考
高校				
専門学校、高等専門学校				
短大				
大学・大学院				
計				
（再掲）文系				
理系				
計				

2　採用経費

	修正予算	当初予算	当初比	備考
1　就職情報サイト掲載料				
2　採用ホームページ制作費・管理費				
3　会社案内制作費・印刷費				
4　会社説明会開催費				
5　内定者管理費				
6　諸雑費				
計				

⑤　採用費予算の決算

　年度が終了したときは決算を行い、

・予定人員を採用することができたか
・採用経費は予算の枠の中で収まったか

を検証する。そして、検証の結果を翌年度の採用活動に活用する（様式例10－4）。

様式例10－4　採用費予算決算表

1　採用人員

	実績	当初予定人員	当初予定比	備考
高校				
専門学校、高等専門学校				
短大				
大学・大学院				
計				
（再掲）文系				
理系				
計				

2　採用経費

	決算	予算	予算比	備考
1　就職情報サイト掲載料				
2　採用ホームページ制作費・管理費				
3　会社案内制作費・印刷費				
4　会社説明会開催費				
5　内定者管理費				
6　諸雑費				
計				

⑥ 採用効率の検証

　採用経費は、少しでも少ないほうが望ましい。少ない経費で予定人員を採用できるのが理想である。しかし、採用経費は、年々増加する可能性がある。

　会社は、常に採用効率をチェックする必要がある。採用経費の効率性、採用活動の生産性をチェックすることなく、「採用予定人員の完全達成」だけを目指して猛進するのは問題である。

　具体的には、

- 応募者１人当たりの募集経費
- 内定者辞退率
- 採用者１人当たり内定者管理費
- 採用者１人当たりの採用費

などを時系列で算定し、採用活動の効率性をチェックする（図表10－5）。

　応募者１人当たりの募集経費が年々著しく増加しているときは、募集の方法や時期などの見直しを行い、募集経費の抑制に努める。

　また、内定者辞退率が上昇傾向にあったり、採用者１人当たり内定者管理費が増加傾向にあることが確認されたときは、内定者管理の方法や社内体制に何らかの問題があることの表れであるから、その改善を図るべきである。

　さらに、採用者１人当たりの採用費が著しく増加していることが判明したときは、募集の方法や社内体制、内定者管理の方法の見直しを図る。

　募集効率のチェック表は、様式例10－5のとおりである。
　内定者管理効率のチェック表は、様式例10－6のとおりである。
　採用効率のチェック表は、様式例10－7のとおりである。

図表10－5　採用効率の指標

		算定式
1	応募者1人当たりの募集経費	募集経費総額／応募者総数
2	内定者辞退率	内定辞退者総数／内定者総数
3	採用者1人当たり内定者管理費	内定者管理費総額／採用者総数
4	採用者1人当たりの採用費	採用経費総額（募集経費＋内定者管理費）／採用者総数

様式例10－5　募集効率チェック表

	募集経費（A）	応募者総数（B）	応募者1人当たり募集経費（A／B）
2011	○○○万円	○○人	○万円
2012	○○○万円	○○人	○万円
2013	○○○万円	○○人	○万円
2014	○○○万円	○○人	○万円
2015	○○○万円	○○人	○万円
当年度	○○○万円	○○人	○万円

（注）応募者とは、履歴書、エントリーシートを提出した者。募集経費とは、就職サイト掲載料、会社説明会費等、募集に要した経費の総額。内定者管理費は、含まない。

様式例10-6　内定者管理効率チェック表

	内定者管理費(A)	内定者総数(B)	内定辞退者総数(C)	内定者辞退率(C/B)	採用者総数(D=B-C)	採用者1人当たり内定者管理費(A/D)
2011	○○万円	○○人	○人	○.○%	○○人	○万円
2012	○○万円	○○人	○人	○.○%	○○人	○万円
2013	○○万円	○○人	○人	○.○%	○○人	○万円
2014	○○万円	○○人	○人	○.○%	○○人	○万円
2015	○○万円	○○人	○人	○.○%	○○人	○万円
当年度	○○万円	○○人	○人	○.○%	○○人	○万円

（注）内定者管理費とは、内定式費、内定者懇親会費等、内定者の管理に要した経費の総額。

様式例10-7　採用効率チェック表

	採用経費（A）	採用者総数（B）	採用者1人当たり採用経費（A/B）
2011	○○○万円	○○人	○○万円
2012	○○○万円	○○人	○○万円
2013	○○○万円	○○人	○○万円
2014	○○○万円	○○人	○○万円
2015	○○○万円	○○人	○○万円
当年度	○○○万円	○○人	○○万円

（注）採用経費とは、募集経費と内定者管理費の合計。

4　中途採用者の採用経費の管理

(1) 中途採用のメリット

　新卒者の場合は、学事日程などの関係で、募集・採用のスケジュールについて多くの制約がある。また、職業経験がないため、採用してもすぐに戦力として使用できるわけではない。新卒者が第一線で活躍できるようになるまでには、相当の期間と経費が必要とされる。

　これに対して、中途採用（経験者採用）には、
- 人材を必要とするときに、会社の都合で自由に実施できる
- 業務に必要な即戦力を確保できる
- 新卒者に比較して、募集・採用のコストが少なくて済む
- 募集開始から採用までの期間が短い
- 一般に中途採用の市場は買手市場である

などのメリットがある。

　中途採用については、これまでは「人員が不足したとき、あるいは増員が必要になったときに随時実施する」という採用管理が広く採られてきたが、最近は、採用の頻度が高まっている。また、採用の軸足を新卒者から中途採用に切り替え、中途採用を定期的に実施している会社も出ている。

　中途採用を毎年のように行っている会社は、予算制度を導入し、採用の効率化・合理化を図ることが望ましい。

(2) **予算管理の実施手順**

① 採用人員の決定

　はじめに、補充または増員の必要性を踏まえて、職種ごとの採用予定人員を具体的に決める（様式例10－8）。

様式例10-8　採用人員計画

	採用予定人員	前年度採用数	前年度比	備考
○○職				
○○職				
計				

② 採用経費の算定

　次に、採用経費を計上する。経費は、

　・採用予定人員

　・募集の方法

　・これまでの採用経費の実績

　・業績

などを勘案して決定する（様式例10-9）。

　募集経費の決定において重視すべきは、募集方法である。募集方法としては、次のようなものがある。

　・ハローワークへの求人票の提出

　・転職サイトの利用

　・新聞の求人広告

　・チラシ広告

　・就職情報誌の広告

　・ホームページ

　・人材紹介会社の利用

　採用予算表の様式は、様式例10-9のとおりである。

様式例10-9　採用予算表

	予算	前年度実績	前年度比	備考
転職サイト				
新聞広告・就職情報誌				
その他				
計				

③　採用予算の決算

年度が終了したときは、決算を行い、

・予定人員を採用できたか

・採用経費はどうであったか

を確認する。

決算表の様式は、様式例10-10のとおりである。

様式例10-10　採用決算表（中途採用）

(1)　採用人員

	採用人員	採用予定人員	予定人員比	備考
○○職				
○○職				
計				

(2)　採用経費

	決算	予算	予算比	備考
転職サイト				
新聞広告・就職情報誌				
その他				
計				

④ 採用効率の検証

最後に、採用者1人当たり採用経費を時系列で算定し、採用効率が向上しているかを検証する。

採用効率が向上していない場合には、募集方法、募集時期、採用基準などの見直しを行う。

採用効率チェック表の様式は、様式例10-11のとおりである。

様式例10-11 採用効率チェック表（中途採用）

	採用経費（A）	採用者総数（B）	採用者1人当たり採用経費（A／B）
2011			
2012			
2013			
2014			
2015			
当年度			

(参考１) 新卒者採用費管理規程

新卒者採用費管理規程

(総則)
第１条　この規程は、新卒者採用費の管理について定める。
２　採用費の範囲は、次のとおりとする。
　(1)　採用情報の提供(採用広報)に関する経費
　(2)　採用選考に関する経費
　(3)　内定者管理に関する経費
　(4)　その他採用に関する経費
(管理責任者)
第２条　採用費の管理責任者は、人事部長とする。
２　人事部長を欠くとき、または事故あるときは、次の者が次の順序で管理責任者となる。
　(1)　人事部次長
　(2)　人事課長
(採用対象者の範囲)
第３条　採用対象者は、採用年次に次の教育機関を卒業する見込みのある者および卒業後３年以下の者とする。
　(1)　高等学校
　(2)　専門学校
　(3)　高等専門学校
　(4)　短期大学
　(5)　大学
　(6)　大学院
(採用費予算の作成)
第４条　人事部長は、毎年度、採用費予算を作成し、社長の承認を得なければならない。
２　採用費予算は、次の事項を踏まえて作成しなければならない。
　(1)　経営計画
　(2)　前年度の採用実績
　(3)　労働力の充足状況
　(4)　新卒者採用市場の動向
　(5)　前年度の採用経費の実績
　(6)　業績

(7) その他
（適正な執行）
第5条　人事部長は、採用費予算について社長の承認を得たときは、次に掲げるものを遵守して、これを適正に執行しなければならない。
　(1) 金銭出納規程
　(2) 業務分掌
　(3) 職務権限規程
　(4) 職業安定法その他の法令
（領収書の受取り）
第6条　人事部長は、採用費を現金で支払うときは、支払先から領収書を受け取らなければならない。
2　領収書を受け取ることができないときは、次の事項を記録しておかなければならない。
　(1) 支払金額
　(2) 支払先
　(3) 支払月日
　(4) 支払事由
　(5) その他必要事項
（業務委託）
第7条　人事部長は、採用業務の一部を外部に委託するときは、あらかじめ次の事項を社長に申し出て、その承認を得なければならない。
　(1) 委託する業務の範囲
　(2) 委託する理由
　(3) 委託先
　(4) 委託費とその支払条件
　(5) その他必要事項
2　社長の承認を得て業務を委託するときは、委託先との間において、委託業務の範囲その他について契約を結ばなければならない。
3　委託先との間において契約を結んだときは、委託先が契約事項を遵守するよう、委託先をよく監督しなければならない。
（流用の禁止）
第8条　人事部長は、採用費予算について、次のことをしてはならない。
　(1) 採用費予算を採用以外のために流用すること
　(2) 採用費予算以外の予算を採用のために流用すること
（修正予算の作成）
第9条　人事部長は、経営環境または新卒者採用市場の変化により、予算の修正

が必要になったときは、修正予算を作成し、社長の承認を得なければならない。
（文書等の保存）
第10条　人事部長は、採用費の支出先等を記載または記録した文書・媒体を「文書等保存規程」に定める期間、完全な形で保存しておかなければならない。
2　保存期間が経過した文書・媒体を廃棄し、または消却するときは、それに記載または記録されている情報が漏えいすることのないようにしなければならない。
（決算報告）
第11条　人事部長は、年度が終了したときは、採用費予算の決算を行い、その結果を社長に報告しなければならない。
（採用効率の向上等の努力）
第12条　人事部長は、次の事項に努めなければならない。
　⑴　採用効率の向上
　⑵　新卒社員の定着率の向上
（付則）
　この規程は、○○年○○月○○日から施行する。

（様式１）新卒者採用費予算の承認願

〇〇年〇〇月〇〇日

取締役社長殿

人事部長

〇〇年度新卒者採用費予算について（伺い）

1　採用人員

	予定	前年度実績	前年度比	備考
高校				
専門学校、高等専門学校				
短大				
大学・大学院				
計				
（再掲）文系				
理系				
計				

2　採用経費

		予算	前年度実績	前年度比	備考
1	就職情報サイト掲載料				
2	採用ホームページ制作費・管理費				
3	会社案内制作費・印刷費				
4	会社説明会開催費				
5	内定者管理費				
6	諸雑費				
	計				

付表　採用スケジュール

	期間	備考
1　採用情報の提供		
2　応募書類の受付		
3　書類選考		
4　筆記試験		
5　面接選考		
6　内定出し		
7　内定式		
8　内定者管理		
9　入社式		

以上

(様式２) 新卒者採用業務委託の承認願

〇〇年〇〇月〇〇日

取締役社長殿

人事部長

〇〇年度新卒者採用業務の委託について（伺い）

1　委託する業務の範囲	
2　委託する理由	
3　委託先 　(1)　会社名・代表者名 　(2)　所在地 　(3)　主要業務内容 　(4)　設立年月日 　(5)　その他	
4　委託料	
5　委託料の支払条件	
6　その他	

以上

(様式３）新卒者採用費予算修正の承認願

〇〇年〇〇月〇〇日

取締役社長殿

人事部長

〇〇年度新卒者採用費予算の修正について（伺い）

1　採用人員

	修正採用人員	当初採用予定人員	当初予定人員比	備考
高校				
専門学校、高等専門学校				
短大				
大学・大学院				
計				
（再掲）文系				
理系				
計				

2　採用経費

	修正予算	当初予算	当初予算比	備考
1　就職情報サイト掲載料				
2　採用ホームページ制作費・管理費				
3　会社案内制作費・印刷費				
4　会社説明会開催費				
5　内定者管理費				
6　諸雑費				
計				

以上

（様式4）新卒者採用費予算の決算報告

〇〇年〇〇月〇〇日

取締役社長殿

人事部長

〇〇年度新卒者採用費予算の決算について（報告）

1　採用人員

	実績	予定人員	予定人員比	備考
高校				
専門学校、高等専門学校				
短大				
大学・大学院				
計				
（再掲）文系				
理系				
計				

2　採用経費

	決算	予算	予算比	備考
1　就職情報サイト掲載料				
2　採用ホームページ制作費・管理費				
3　会社案内制作費・印刷費				
4　会社説明会開催費				
5　内定者管理費				
6　諸雑費				
計				

付表1　応募者1人当たり募集経費の推移

	募集経費（A）	応募者総数（B）	応募者1人当たり募集経費（A／B）
2011			
2012			
2013			
2014			
2015			
当年度			

（注）応募者とは、履歴書、エントリーシートを提出した者。募集経費とは、就職サイト掲載料、会社説明会費等、募集に要した経費の総額。内定者管理費は、含まない。

付表2　採用者1人当たり内定者管理費の推移

	内定者管理費（A）	内定者総数（B）	内定辞退者総数（C）	内定者辞退率（C／B）	採用者総数（D＝B−C）	採用者1人当たり内定者管理費（A／D）
2011						
2012						
2013						
2014						
2015						
当年度						

（注）内定者管理費とは、内定式費、内定者懇親会費等、内定者の管理に要した経費の総額。

付表3　採用者1人当たり採用経費の推移

	採用経費（A）	採用者総数（B）	採用者1人当たり採用経費（A／B）
2011			
2012			

2013			
2014			
2015			
当年度			

（注）採用経費とは、募集経費と内定者管理費の合計。

以上

(参考2)中途採用者採用費管理規程

中途採用者採用費管理規程

(総則)
第1条　この規程は、中途採用者採用費の管理について定める。
(採用費予算の作成)
第2条　人事部長は、毎年度、中途採用者採用費予算を作成し、社長の承認を得なければならない。
2　採用費予算は、次の事項を踏まえて作成しなければならない。
　(1)　経営計画
　(2)　前年度の採用実績
　(3)　人員の充足状況
　(4)　中途採用者採用市場の動向
　(5)　前年度の中途採用費の実績
　(6)　業績
　(7)　その他
(適正な執行)
第3条　人事部長は、採用費予算について社長の承認を得たときは、これを適正に執行しなければならない。
(流用の禁止)
第4条　人事部長は、採用費予算について、次のことをしてはならない。
　(1)　採用費予算を採用以外のために流用すること
　(2)　採用予算以外の予算を採用のために流用すること
(決算報告)
第5条　人事部長は、年度が終了したときは、採用費予算の決算を行い、その結果を社長に報告しなければならない。
(採用効率の向上の努力)
第6条　人事部長は、中途採用者の採用効率の向上に努めなければならない。
(付則)
　この規程は、〇〇年〇〇月〇〇日から施行する。

第10章 募集・採用費の決め方と管理方法

（様式１）中途採用者採用費予算の承認願

〇〇年〇〇月〇〇日

取締役社長殿

人事部長

〇〇年度中途採用者採用費予算について（伺い）

1　採用人員

	予定	前年度実績	前年度比	備考
〇〇職				
〇〇職				
計				

2　採用経費

	予算	前年度実績	前年度比	備考
1　転職サイト掲載料				
2　新聞広告・就職情報誌掲載料				
3　その他				
計				

以上

(様式2) 中途採用者採用費予算の決算報告

〇〇年〇〇月〇〇日

取締役社長殿

人事部長

〇〇年度中途採用者採用費予算の決算について(報告)

1 採用人員

	実績	当初予定人員	当初予定比	備考
〇〇職				
〇〇職				
計				

2 採用経費

		決算	予算	予算比	備考
1	転職サイト掲載料				
2	新聞広告・就職情報誌掲載料				
3	その他				
	計				

付表 採用者1人当たり採用経費の推移

	採用経費 (A)	採用者総数 (B)	採用者1人当たり採用経費 (A／B)
2011			
2012			
2013			
2014			
2015			
当年度			

以上

第11章
非正社員の給与の決め方と給与費の管理方法

1　給与の決め方

(1) **給与の形態**

　人件費の節減、補助的・定型的業務の処理、業務の繁閑への対応などを目的として、パートタイマー、契約社員などの非正社員を雇用している会社が多い。最近は、65歳までの継続雇用を義務化した高年齢者雇用安定法に対応し、定年退職者を嘱託社員として雇用するところが増加している。

　非正社員の給与の形態としては、時間給制、日給制、月給制などが考えられる。

　パートタイマーの場合は、一般に、

　・勤務時間が短い

　・1週の勤務日数が少ない

　・補助的・定型的な業務を担当する

などの特徴がある。このため、時間給制が適切である。

　これに対して、契約社員および嘱託社員の場合は、

　・フルタイムで、週5日勤務する

　・正社員と同じか、それに近い業務を処理する

という特徴がある。このため、日給制または月給制が適している。

(2) **給与の決め方**

パートタイマーの時間給の決め方には、主として、次のようなものがある（図表11－1）。

・全員同額とする
・仕事の種類ごとに決める
・勤務時間帯ごとに決める
・平日と土日とに区分して決める
・1日の勤務時間数ごとに決める
・上記の2つ以上を組み合わせて決める

仕事の中には、手の汚れるものもあれば、そうでない仕事もある。身体的な負荷の大きいものもあれば、そうでない仕事もある。

また、勤務時間帯については、応募者が集まりやすい時間帯もあれば、集まりにくい時間帯もある。

このように、仕事の内容が異なることや、集まりやすい時間帯とそうでない時間帯があることを考慮すると、時間給は、仕事の種類別、あるいは勤務時間帯別に設定するのが合理的・現実的であろう。

なお、どのような決め方を採用するにしても、地域の相場を十分に勘案しなければならない。

パートタイマーの雇用管理を改善する目的で、パート労働法（正式には「短時間労働者の雇用管理の改善等に関する法律」という）が施行されている。同法は、パートタイマーの賃金について、次のように定めている。

> 「第10条（賃金）事業主は、通常の労働者との均衡を考慮しつつ、その雇用する短時間労働者の職務の内容、職務の成果、意欲、能力又は経験等を勘案し、その賃金を決定するように努めるものとする。」

パートタイマーの時間給の決定に当たっては、「同じ内容の仕事をしている正社員の給与とのバランス」に配慮することが必要である。

図表11－1　パートタイマーの時間給の決め方

	例
全員同額方式	1時間＝1,000円
仕事の種類別方式	レジ係＝900円 惣菜係＝1,000円 パン製造係＝1,050円
勤務時間帯別方式	午前9時～午後4時＝950円 午後4時～9時＝1,050円 午後9時以降＝1,200円
平日・土日別方式	平日＝900円 土日＝1,000円
勤務時間数別方式	3時間未満＝900円 3～6時間＝950円 6～8時間＝1,000円

① 契約社員・嘱託社員の給与の決め方

契約社員と嘱託社員の場合は、

・仕事の困難さの程度

・仕事に求められる経験の程度

・仕事に要求される知識および技術・技能の専門性

・同じ種類の仕事をしている社員の給与の額

などを考慮して、給与の額を決める。

(3) **時間外・休日勤務手当**

労働基準法は、「使用者は、労働者を1日8時間を超えて勤務させたときは、時間外勤務手当を支払わなければならない」「使用者は、労働者を休日に勤務させたときは、休日勤務手当を支払わなければな

らない」と定めている。

この規定は、非正社員にも適用される。パートに時間外勤務を命令することは少ないであろうが、契約社員や嘱託社員に対しては、業務の都合で命令することもあろう。

時間外勤務を命令したときは、時間外勤務手当を支払う。また、休日勤務を命令したときは、休日勤務手当を支払う（図表11－2）。

図表11－2　パートタイマーの時間外勤務手当の計算方法

所定労働時間を超え、8時間以下のとき	時間外勤務手当＝時間給×時間外勤務時間数×1.0
1日8時間を超えるとき	（8時間を超える部分について、時間当たり） 時間外勤務手当＝時間給×時間外勤務時間数×1.25 （注）1ヶ月60時間を超える部分については、割増率は50％

(4) 昇給

どのような仕事でも、経験を積むにつれて知識が豊かになり、技術・技能のレベルが向上する。仕事を迅速かつ正確に処理できるようになる。

スーパーのレジでは多くのパートが働いている。はじめは、レジの打ち方、金銭の清算のスピードが遅い。レジを打ち間違えることもある。客から商品の交換や返品を請求され、その対応に戸惑うこともある。しかし、経験を重ねるにつれ、レジの業務を迅速かつ正確にできるようになる。

会社には、正社員についても、非正社員についても、「昇給の義務」はない。労働の対価として、給与を支払っていればそれで差し支えない。しかし、真面目に働いても、あるいは仕事上の能力が向上しても、給与が上昇しないというのでは、勤労意欲は向上しないであろう。

非正社員について、毎年1回程度、4月もしくは契約更改時に、日常の勤務態度（積極性、責任性、協調性、規律性）、仕事の成果（仕事の量、仕事の質）などを評価して、昇給を行うことにするのがよい（図表11-3）。

図表11-3　非正社員の昇給制度の例

1	昇給の対象者	勤続3ヶ月以上の者
2	昇給の実施時期	4月。ただし、契約社員は、雇用契約の更新時とする。
3	昇給の額	評価項目の評価結果に基づいて決定する。
4	評価項目	・仕事への積極性 ・仕事上の責任感 ・仕事を進めるうえでの協調性 ・規律性（規則・ルールの遵守の程度） ・遅刻・早退・欠勤の回数 ・仕事の正確さ（仕事の質） ・仕事の迅速さ（仕事の量） ・仕事についての知識の程度 ・仕事の技術・技能のレベル ・その他

(5) **賞与**

非正社員に対して賞与を支給するかしないかは、各社の自由である。勤労意欲の向上と定着率の改善という観点からすると、支給するのが望ましい。実際、同じ職場で働いているにも係らず、正社員に対しては数十万円という賞与が支給されるのに、非正社員に対しては、「正社員でない」という理由で1円も支給されないというのでは、職場の一体感・連帯感は形成されない。

支給する場合は、支給について一定の条件を設定するのが合理的・現実的である。例えば、次の4つの条件を満たす者に支給する。

・支給日当日在籍していること

・2ヶ月以上勤務していること
・賞与算定期間中の出勤率が90％以上であること
・日ごろの勤務態度が良好であること

支給額の算定方式には、次のようなものがある。
・時間給×支給係数
・月収×支給係数
・金一封を支給する

このうち、支給係数の決め方には、
・全員一律とする
・勤続期間に応じて決める
・1週または1ヶ月の勤務時間数に応じて決める
・勤務態度、勤務成績（仕事の正確さ、仕事の迅速さ）等の評価ごとに決める

などがある（図表11－4）。

また、金一封方式を採用する場合、その金額の決め方には、
・全員同額とする
・勤続期間に応じて決める
・1週または1ヶ月の勤務時間数に応じて決める
・勤務態度、勤務成績等の評価に応じて決める

などがある。

図表11－4　支給係数の決め方（月収×支給係数の場合）（パートタイマー）

	例
全員一律方式	
勤続期間別方式	1年未満＝1.0 1〜3年未満＝1.5 3〜5年未満＝2.0 5年以上＝2.5
勤務時間数別方式	週15〜20時間未満＝1.0 週20〜25時間未満＝1.5 週25〜35時間未満＝2.0 週35時間以上＝2.5
勤務態度等の評価別方式	S評価＝2.5 A評価＝2.0 B評価＝1.5 C評価＝1.0 D評価＝0

(6) **退職金**

　退職金の支給は、

　・勤労意欲を高めることができる

　・勤続の長期化を図れる。短期の離職を防止できる

　・長く勤務したパートタイマーに報いることができる

などの効果が期待できる。

　退職金の決め方には、

　・「退職時の月収×勤続年数別支給率」で算定する

　・「退職時の月収×勤続年数」で算定する

　・勤続年数別に定額で定める

などがある。

　正社員の退職金の算定については、「退職時の基本給×勤続年数別支給率」という方式を採用している会社が多い。パートタイマーの場

合、正社員の退職時基本給に該当するのは退職時の時間給である。しかし、時間給を退職金の算定基礎とするのは、実務的に難しいところがある。それよりも、「退職時の月収（時間給×１ヶ月所定勤務時間数）」を算定基礎とするのが便利である。

「退職時の月収×勤続年数別支給率」という方式を採用する場合の支給率表の例を示すと、図表11－5のとおりである。

図表11－5　勤続年数別支給率表

勤続年数	支給率	勤続年数	支給率	勤続年数	支給率
2	1.5	7	4.0	12	6.5
3	2.0	8	4.5	13	7.0
4	2.5	9	5.0	14	7.5
5	3.0	10	5.5	15	8.0
6	3.5	11	6.0	16	8.5

2 給与費の管理方法と予算制度

(1) 給与費の管理

　労務コストの効率化・合理化や業務の繁閑への対応などを目的として、パートタイマー等の非正社員を常時雇用している会社は、その給与費を適切・合理的に管理する必要がある。管理の方法が適切でないと、採用数・雇用数が必要以上に増大し、その結果、給与負担も重くなる。

　パートタイマー等の非正社員の給与費は、正社員の給与費に比較すると、その規模は小さいであろう。しかし、小さいからといって、負担が必要以上に重くなるのは好ましくない。

　非正社員を常時一定数雇用している会社では、給与費の管理の合理化に努めるべきである。合理化策の１つは、予算制度の実施である。すなわち、あらかじめ年間の業務量の見込み（あるいは、販売目標、生産目標）を踏まえて、非正社員の雇用数を決める。そのうえで、給与費の総額を算定し、実際の支出額がその枠内に収まるように努める。

(2) 予算管理の実施手順

① 事業部門による雇用計画の作成

　一般の会社の場合、非正社員（特に、パートタイマー）を使用するのは、販売業務や生産業務などを担当する事業部門（店舗、工場など）などであろう。総務・経理・人事などを行う本社部門において、パートタイマー等を使用するケースは少ない。かりに使用するにしても、その人員は限られている。

　このため、事業部門に対し、毎年度、パートタイマー等の非正社員の雇用計画（雇用予定人員および給与費）を作成し、人事部に提出させるのが合理的・現実的である（様式例11－１）。

この場合、雇用予定人員については、次の事項を勘案して算定するように事業部門に指示する。
　・年度の業務目標の量
　・正社員の人員
　・前年度の非正社員の雇用実績
　・その他
　また、非正社員であっても、給与が地域の世間相場を下回ると、必要な人員を募集・採用することができない。給与については、その地域の世間相場に十分配慮するように指示する。

様式例11−1　事業部門から人事部長への非正社員雇用計画届（○○年度）

(1) 雇用人員

	雇用人員	前年度実績	前年度比	備考
パートタイマー				
契約社員				
嘱託社員				
計				

（注）年度を通算した1日平均の雇用人員。「週の所定勤務時間数が40時間で、年間を通して勤務する者」を「1人」として、人員をカウントする。
　　　例えば、週の所定勤務時間数が20時間の者を30人雇用するときは、雇用人員は「15人」と算定する。また、雇用期間6ヶ月の者を20人雇用するときは、雇用人員は「10人」と算定する。

(2) 給与費

	予算	前年度実績	前年度比	備考
パートタイマー				
契約社員				
嘱託社員				
計				

（注）「給与費」とは、給与の総額をいう。

② 会社全体の給与費予算の作成

人事部では、事業部門から届出のあった非正社員雇用計画を集計して、会社全体の非正社員給与費予算（給与の総額）を算定する（様式例11-2）。

様式例11-2　非正社員の給与費予算（○○年度）

(1) 雇用人員

	雇用人員	前年度実績	前年度比	備考
パートタイマー				
契約社員				
嘱託社員				
計				

（注）年度を通算した平均雇用人員

(2) 給与費

	予算	前年度実績	前年度比	備考
パートタイマー				
契約社員				
嘱託社員				
計				

（注）給与の総額

③ 給与費予算の執行

給与費予算について社長の承認を得たときは、事業部門および人事部は、予算を適正に執行する。

例えば、パートタイマーを常時20人雇用することを認められた事業部門は、20人雇用してその部門の業務を遂行する。

④ 人事部への雇用・給与費の報告

本社人事部は、全社の非正社員の給与費予算を管理する責任を負っている。その責任を果たすためには、各事業部門における非正社員の雇用人員および給与費を正しく把握しておく必要がある。このため、すべての事業部門に対して、非正社員の雇用状況および給与費を毎月定期的に人事部に報告させる（様式例11－3）。

様式例11－3　事業部門から人事部への非正社員雇用状況・給与費の月例報告

(1) 雇用実績

	採用者数	退職者数	月末在籍者数	備考
パートタイマー				
契約社員				
嘱託社員				
計				

(2) 給与費

	実績	前年同月実績	前年同月比	備考
パートタイマー				
契約社員				
嘱託社員				
計				

（注）翌月10日までに報告すること。

⑤ 給与費の決算

年度が終了したときは、決算を行う。

予算に近い形で決算を行えるのが理想である。例えば、パートタイ

マーの給与費を「年間2,000万円」と計上していたときは、決算の金額も2,000万円に近い数字であることが望ましい。しかし、実際には、決算が予算と大きく相違する場合がある。年間2,000万円と見込んでいたのに、実際は1,500万円で終わったり、あるいは大きく超過したりする。

　決算が予算と大きく異なるということは、予算管理が適切でなかったことを意味する。

　このような場合には、予算の作成基準、支出権限、支出手続き、修正の方法などについて見直しを行うべきである。見直しを行わないと、予算制度が形骸化し、経営の規律が乱れることになる。

3 派遣社員の活用と派遣料の管理

(1) 派遣社員活用のメリット

派遣社員は、一般に、専門的な知識・技術・技能と一定の経験を持っている。また、大手派遣会社は、派遣社員を対象として能力向上のための教育を実施している。このため、派遣料は、一般のパートタイマーの時間給に比較すると、割高である。

しかし、派遣社員の場合は、派遣会社に対して派遣料だけを支払えばそれでよく、賞与や退職金の支払いは必要ない。このため、正社員を雇用する場合に比較して、人件費の節減を図れる。

このほか、派遣社員の活用は、

・募集費用がかからない

・雇用調整が容易にできる

などのメリットがある。このため、派遣社員を恒常的・継続的に活用している会社が少なくない。

(2) 派遣料の予算管理

年間を通して一定人数の派遣社員を受け入れている会社は、予算制度によって派遣料の管理を行うのがよい。

すなわち、年度ごとに、派遣社員の受入れ人員（または、受入れ延べ日数）を決める。受入れ人員は、

・業務の量（仕事の忙しさ）

・正社員の人員

・派遣料

・前年度の受入れの実績

などを勘案して決定する。

次に、受入れ人員を踏まえて、派遣料の総額を算定し、その総額を

予算計上する。そして、その予算の枠内で派遣社員を受け入れる（様式例11－4）。

様式例11－4　派遣費予算

(1) 受入れ人員

	予定	前年度実績	前年度比	備考
○○職				
○○職				
計				

(2) 派遣費

	予算	前年度実績	前年度比	備考
○○職				
○○職				
計				

第11章　非正社員の給与の決め方と給与費の管理方法

(参考1) 非正社員給与費管理規程

非正社員給与費管理規程

(総則)
第1条　この規程は、非正社員の給与費の管理について定める。
2　非正社員とは、次の者をいう。
　(1)　パートタイマー
　(2)　契約社員
　(3)　嘱託社員
(管理年度)
第2条　非正社員給与費の管理年度は、4月1日から翌年3月31日までの1年とする。
(管理責任者)
第3条　非正社員給与費については、人事部長を総括管理責任者、部門長を部門の管理責任者とする。
(部門の非正社員雇用計画の作成)
第4条　部門長は、毎年度、部門の非正社員雇用計画を作成し、これを人事部長に提出しなければならない。
2　部門の非正社員雇用計画は、次の事項を踏まえて作成しなければならない。
　(1)　部門の業務目標
　(2)　正社員数
　(3)　前年度の非正社員雇用実績
　(4)　地域の非正社員の給与相場
　(5)　前年度の非正社員の給与費の実績
　(6)　その他
3　人事部長は、部門長から提出された雇用計画の内容が適切でないと判断されるときは、部門長に対して、雇用計画の再提出を求めることができる。
4　部門長は、前号の定めるところにより、人事部長から雇用計画の再提出を求められたときは、再提出しなければならない。
(非正社員給与費予算の作成)
第5条　人事部長は、各部門長から提出された非正社員雇用計画をもとに会社全体の非正社員給与費予算を作成し、社長の承認を得なければならない。
(非正社員給与費予算の執行)
第6条　人事部長および各部門長は、非正社員給与費予算が社長の承認を得たときは、次の事項を誠実に遵守してこれを適正に執行しなければならない。

(1)　金銭出納規程その他の経理諸規程
　(2)　業務分掌
　(3)　職務権限規程
　(4)　関係法令
（流用の禁止）
第7条　人事部長および部門長は、非正社員給与費予算について、次のことをしてはならない。
　(1)　非正社員給与費予算を非正社員給与以外のために流用すること
　(2)　非正社員給与費予算以外の予算を非正社員給与のために流用すること
（非正社員雇用状況等の報告）
第8条　部門長は、毎月10日までに、前月の非正社員の雇用状況および給与費の実績を人事部長に正確に報告しなければならない。
（決算報告）
第9条　人事部長は、年度が終了したときは、遅滞なく非正社員給与費予算の決算を行い、その結果を社長に報告しなければならない。
２　決算と予算との間に差異が生じたときは、その原因を分析し、その結果を報告しなければならない。
（付則）
　この規程は、○○年○○月○○日から施行する。

第11章　非正社員の給与の決め方と給与費の管理方法

（様式１）事業部門から人事部長への非正社員雇用計画届

〇〇年〇〇月〇〇日

人事部長殿

〇〇部長

〇〇年度非正社員雇用計画届

(1) 雇用人員

	雇用人員	前年度実績	前年度比	備考
パートタイマー				
契約社員				
嘱託社員				
計				

（注）年度を通算した１日平均の雇用人員。「週の所定勤務時間数が40時間で、年間を通して勤務する者」を「１人」として、人員をカウントする。
　　例えば、週の所定勤務時間数が20時間の者を30人雇用するときは、雇用人員は「15人」と算定する。また、雇用期間６ヶ月の者を20人雇用するときは、雇用人員は「10人」と算定する。

(2) 給与費

	予算	前年度実績	前年度比	備考
パートタイマー				
契約社員				
嘱託社員				
計				

（注）「給与費」とは、給与の総額をいう。

以上

(様式2) 非正社員給与費予算の承認願

○○年○○月○○日

取締役社長殿

人事部長

○○年度非正社員給与費予算について(伺い)

1 雇用人員

	雇用人員	前年度実績	前年度比	備考
パートタイマー				
契約社員				
嘱託社員				
計				

2 給与費

	予算	前年度実績	前年度比	備考
パートタイマー				
契約社員				
嘱託社員				
計				

付表 部門別パートタイマー雇用人員・給与費

部門	雇用人員	前年度比	給与費	前年度比	備考

以上

(様式3) 事業部門から人事部への非正社員雇用人員・給与費届

〇〇年〇〇月〇〇日

人事部長殿

〇〇部長

非正社員雇用状況・給与費報告(〇〇年〇〇月)

(1) 雇用実績

	採用者数	退職者数	月末在籍者数	備考
パートタイマー				
契約社員				
嘱託社員				
計				

(2) 給与費

	実績	前年度実績	前年度比	備考
パートタイマー				
契約社員				
嘱託社員				
計				

(注)翌月10日までに提出すること。

以上

(様式4) 非正社員給与費決算報告

〇〇年〇〇月〇〇日

取締役社長殿

人事部長

〇〇年度非正社員給与費予算の決算について(報告)

1　雇用人員

	実績	予定雇用人員	予定人員比	備考
パートタイマー				
契約社員				
嘱託社員				
計				

2　給与費

	決算	予算	予算比	備考
パートタイマー				
契約社員				
嘱託社員				
計				

付表　部門別パートタイマー雇用人員・給与費

部門	雇用人員	前年度比	給与費	前年度比	備考

以上

（参考２）派遣費管理規程

派遣費管理規程

（総則）
第１条　この規程は、派遣社員派遣費の管理について定める。
（派遣社員派遣費予算の作成）
第２条　人事部長は、毎年度、派遣社員派遣費予算を作成し、社長の承認を得なければならない。
２　派遣社員派遣費予算は、次の事項を踏まえて作成しなければならない。
　(1)　業務の量
　(2)　正社員の雇用の状況
　(3)　派遣料
　(4)　前年度の派遣社員の受入れ数および派遣料の実績
　(5)　その他
３　派遣社員派遣費予算は、各部の長とよく協議して作成しなければならない。
（適正な執行）
第３条　人事部長は、派遣費予算について社長の承認を得たときは、これを適正に執行しなければならない。
（流用の禁止）
第４条　人事部長は、派遣費予算について、次のことをしてはならない。
　(1)　派遣費予算を派遣費以外のために流用すること
　(2)　派遣費予算以外の予算を派遣費のために流用すること
（決算報告）
第５条　人事部長は、年度が終了したときは、派遣費予算の決算を行い、その結果を社長に報告しなければならない。
（付則）
この規程は、○○年○○月○○日から施行する。

(様式1)派遣社員派遣費予算の承認願

○○年○○月○○日

取締役社長殿

人事部長

○○年度派遣社員派遣費予算について(伺い)

1 受入れ人員

	受入れ人員	前年度実績	前年度比	備考
○○職				
○○職				
計				

2 派遣費

	予算	前年度実績	前年度比	備考
○○職				
○○職				
計				

以上

第11章 非正社員の給与の決め方と給与費の管理方法

(様式２) 派遣社員派遣費予算の決算報告

〇〇年〇〇月〇〇日

取締役社長殿

人事部長

〇〇年度派遣社員派遣費予算の決算について（報告）

1　受入れ人員

	実績	予定	予定比	備考
〇〇職				
〇〇職				
計				

2　派遣費

	決算	予算	予算比	備考
〇〇職				
〇〇職				
計				

以上

第12章

総人件費の管理方法

1 経営の健全性・安定性の確保

(1) 総人件費と経営

　会社にとって、給与・賞与および福利厚生費などの人件費はきわめて重要な経費である。会社の中には、経費の大半が人件費で占められているところもある。

　人件費は、定常的・経常的に発生する。また、その総額が大きい。このため、総人件費の管理が適切でないと、経営の実力に比較して支出が過大・過剰となり、経営は危機に陥る。

　実際、これまでに経営不振に陥った会社を検証すると、

　　・会社の体力や体質に比べて人件費の総額が過剰であった

　　・人件費の管理がルーズであった。管理体制があいまいであった

　　・総人件費予算が合理的に作成されていなかった

というケースが少なくない。

　健全・堅実な経営のためには、給与・賞与を中心とする総人件費を合理的に管理することが必要不可欠である（図表12－1）。

図表12－1　総人件費管理のポイント

① 管理責任者を任命する。
② 毎年度、経営方針・経営計画等を踏まえて予算を作成する。
③ 予算は、月例給与、賞与、福利厚生費等の区分ごとに、支出予定金額を積み上げて作成する。
④ 予算は、各部門の長と十分協議して作成する。
⑤ 総人件費予算について、社長の承認を得る。
⑥ 毎月支出計画を作成し、その計画にしたがって支出する（予算の執行）。
⑦ 人事部長は、必要に応じて、予算の執行権限を部門長に委譲する。執行権限を委譲したときは、権限が適正に執行されているかを適宜適切に監督する。
⑧ 経済情勢の変化、労働市場の変化、労働法令の新設・変更など、経営環境・雇用環境が著しく変化したときは、総人件費予算を修正する。
⑨ 予算の修正については、あらかじめ社長の承認を得る。
⑩ 人事部長は、年度が終了したときは、遅滞なく社長に執行結果を報告する。実績と予算との間に著しい差異が生じたときは、その原因を分析し、その結果を報告する。
⑪ 予算の執行に関する文書・データは、一定期間保存する。

(2) **総人件費の範囲**

　管理する総人件費の範囲は、正社員の人件費のみならず、非正社員の人件費も含めるのが現実的・合理的であろう（図表12－2）。

　なお、役員報酬・賞与・退職慰労金その他役員にかかわるものは、人件費には含めないのが妥当である。

図表12－2　人件費の範囲

① 月例給与（基本給、諸手当、時間外・休日勤務手当）
② 賞与（夏季賞与、年末賞与）
③ 出張・転勤旅費（国内出張・転勤旅費、海外出張・転勤旅費）
④ 退職金
⑤ 福利厚生費（法定福利厚生費、法定外福利厚生費）
⑥ 安全衛生費
⑦ 教育訓練費
⑧ パートタイマー等の非正社員の給与
⑨ 募集・採用費
⑩ その他人事・労務管理に必要な経費

2　総人件費の管理と予算制度

(1) **総人件費予算の作成と執行**

① 総人員計画の作成

　人件費は、社員の雇用に伴う必要経費である。社員を雇用しているからこそ発生するものである。このため、はじめに総人員計画を作成し、人員を確定しなければならない。

　総人員計画は、次のものを踏まえて作成するものとする。

- ・当年度の経営計画
- ・当年度の各部門の業務計画
- ・前年度の総人員の実績
- ・その他必要事項

　総人員計画は、期首人員、採用者数、退職者数などの区分で作成するのが合理的である（様式例12-1）。

様式例12-1　総人員計画表

1　総括表

項目	計画	前年度実績	前年度比	備考
期首人員				
採用者数				
退職者見込数				
期中平均人員				
期末人員				
非正規社員数				

2　部門別表（期中平均人員）

部門	正社員	非正社員	計
計			

② 総人件費予算の作成

総人員計画を踏まえて、総人件費予算を算定する。

総人件費予算は、月例給与費、賞与、福利厚生費等の費目ごとに、積上げ方式で金額を計上する（様式例12-2）。

様式例12-2　総人件費予算表

項目	予算	前年度実績	前年度比	備考
1　月例給与				
①基本給				
②諸手当				
計				
2　時間外勤務手当				
3　賞与				
①夏季賞与				
②年末賞与				
計				
4　福利厚生費				
①法定福利厚生費				
②法定外福利厚生費				
計				
5　出張旅費				
6　転勤旅費				
7　教育研修費				
8　安全衛生費				
9　退職金費				
10　募集・採用費				
11　非正社員給与費				
12　その他				
合計				

（注）時間外勤務費には休日勤務費を含む。以下、同じ。

③　総人件費予算の執行

　人事部長は、総人件費予算が社長または役員会で正式に承認されたときは、次の事項を誠実に遵守してこれを適正に執行する。

　・金銭出納規程その他の経理諸規程
　・業務分掌

・職務権限規程
・関係法令

　また、予算制度を適正に運用するため、総人件費予算の執行について、次のことを禁止する。
・人事労務管理以外の目的のために流用すること
・人件費予算以外の予算を人事労務管理の目的のために流用すること

④　現場の責任者への権限移譲

　人件費の支出は、すべての部門において生じる。人件費をいっさい支出しない部門はあり得ない。このため、人事部長一人ですべての人件費予算を執行するのは不可能である。

　とりわけ、次のものについては、現場の責任者に支出権限を委ねる必要がある。
・時間外勤務
・出張
・パートタイマーの雇用

　業務を円滑に遂行するため、人事部長は、業務上必要であると認めるときは、人件費予算の執行権限の一部を関係部門の長に委譲できるものとする。

　この場合、人事部長から人件費予算の執行権限を委譲された者は、委譲された範囲において権限を執行するとともに、その執行状況および結果を人事部長に適宜適切に報告するものとする。

(2) **総人件費予算の月間支出計画**

　人件費は、
・毎月、定期的に発生するもの

・年に数回、定期的に発生するもの

・臨時的に発生するもの

に区分することができる。

　毎月定期的に発生するものの代表は、給与費である。給与は、労働基準法の定めるところにより、毎月一定の期日を定めて定期的に支払わなければならない。「資金繰りがつかないから」「売上が少ないから」とかいう理由で、給与の支払を先送りすることは許されていない。

　これに対して、賞与は、夏季と年末に発生する。

　一方、退職金は、社員の退職に伴って、臨時的・突発的に発生する。

　人件費の管理を確実に行うためには、毎月支出計画を作成するのがよい。このため、人事部長は、毎月一定期日までに翌月の人件費支出計画を作成し、これを社長に提出してその承認を得るものとする。

　総人件費予算月間支出計画表のモデルを示すと、様式例12－3のとおりである。

様式例12-3　総人件費予算の月間支出計画表

項目	支出計画	前月支出額	前月比	備考
1　月例給与				
①基本給				
②諸手当				
計				
2　時間外勤務手当				
3　賞与				
①夏季賞与				
②年末賞与				
計				
4　福利厚生費				
①法定福利厚生費				
②法定外福利厚生費				
計				
5　出張旅費				
6　転勤旅費				
7　教育研修費				
8　安全衛生費				
9　退職金費				
10　募集・採用費				
11　非正社員給与費				
12　その他				
合計				

(3) 総人件費予算の執行状況のチェックと修正予算

① 予算の執行状況のチェック

　予算制度は、経営に必要な経費を必要な額だけ計上し、その金額を有効に支出して経営を円滑に進めるという制度である。したがって、あらかじめ計上した予算が予定通りに執行（支出）されることが望ましい。

例えば、年度の給与費を1億2千万円（月額1,000万円）と見込んだときは、毎月1,000万円の給与費が支出されることが望ましい。給与費の支出額が予算を下回ったり、あるいは予算を大幅に超過することは、経営に何らかの問題が生じていることを示すものであるから、速やかにその原因を調査・究明してしかるべき適切な対策を講じる必要がある。

　このため、人事部長は、毎月、総人件費の各費目について、前月までの支出累計額を計算することとする（様式例12－4）。

② 総人件費予算の修正

　経済情勢の変化、労働市場の変化、あるいは労働法令の新設・改正などにより、経営環境は変化する。

　経営環境は、いつ、どのように変化するか、なかなか予測しにくい。もしも環境が著しく変化したときは、人件費予算を修正しなけらばならない。当初の予算にこだわるのは危険が大きい。

　人事部長は、経営環境の変化により総人件費予算を修正する必要があると認めるときは、社長または役員会に次の事項を申し出てその承認を得るものとする（様式例12－5）。

　　・修正を必要とする理由
　　・修正の内容
　　・修正の実施日
　　・その他必要事項

様式例12－4　予算執行チェック表

項目	当月までの累計支出額 (A)	予算 (B)	執行率 (A／B)	備考
1　月例給与				
①基本給				
②諸手当				
計				
2　時間外勤務手当				
3　賞与				
①夏季賞与				
②年末賞与				
計				
4　福利厚生費				
①法定福利厚生費				
②法定外福利厚生費				
計				
5　出張旅費				
6　転勤旅費				
7　教育研修費				
8　安全衛生費				
9　退職金費				
10　募集・採用費				
11　非正社員給与費				
12　その他				
合計				

様式例12-5　総人件費予算修正表

```
1　修正の内容と理由
```

項目	修正予算	当初予算	当初予算比	修正理由
合計				

```
2　修正年月日
　　〇〇年〇〇月〇〇日付
```

(4) 総人件費予算の決算と適正性の評価

① 総人件費予算の決算

年度が終了したときは、総人件費の決算を行い、「総人件費はいくらであったか」を確認する（様式例12-6）。

様式例12-6　総人件費の決算表

項目	決算	予算	予算比	備考
1　月例給与				
①基本給				
②諸手当				
2　時間外勤務手当				
計				
3　賞与				
①夏季賞与				
②年末賞与				
計				
4　福利厚生費				
①法定福利厚生費				
②法定外福利厚生費				
計				
5　出張旅費				
6　転勤旅費				
7　教育研修費				
8　安全衛生費				
9　退職金費				
10　募集・採用費				
11　非正社員給与				
12　その他				
合計				

② 総人件費の適正性のチェック

経営の健全性・安定性を確保するためには、総人件費は、会社の実力（支払能力）に見合ったものでなければならない。すなわち、総人員、売上および営業利益とのバランスが保たれたものでなければならない。

例えば、次のような急激な変化は、経営の健全性という観点から判

断すると、問題である。
　ア　総人件費の増加率が総人員の増加率を大幅に上回っている
　イ　総人件費の増加率がこれまでは年2～3％程度であったのに、今年度は5％程度も増加している
　ウ　売上増加がほとんど見込めないのに、総人件費だけが増加している
　エ　これまでは、総人件費の対粗利益の割合が50％程度であったのに、今年度は65％にも達している
　オ　総人件費の対営業利益比率がこれまでは「10％程度」であったのに、今年度は「20％程度」にも増加している
総人件費予算の決算を終えたときは、
　・総人件費の増加率は、総人員の増加率を大幅に上回らなかったか
　・総人件費の対前年度増加率が過去の増加率の実績と比較して高すぎないか
　・総人件費の対売上高の割合が大きく増加していないか
　・総人件費の対粗利益の割合が著しく増加していないか
　・総人件費の対営業利益の割合は、これまでの実績と比べてどうか
などをチェックする（様式例12-7、様式例12-8）。
　チェックの結果、必要に応じて、総人件費の見直しを行う。

様式例12-7　総人件費と総人員とのバランスチェック

	総人件費（A）	総人件費の対前年度比	総人員（B）	総人員の対前年度比	1人当たり人件費（A／B）	1人当たり人件費の対前年度比
前々年度						
前年度						
決算年度						

様式例12-8　総人件費と売上・利益とのバランスチェック

	総人件費(A)	売上高(B)	総人件費の売上高比(A／B)	粗利益(C)	総人件費の粗利益比(A／C)	営業利益(D)	総人件費の営業利益比(A／D)
前々年度							
前年度							
決算年度							

（参考）総人件費管理規程

総人件費管理規程

（総則）
第1条　この規程は、社員（非正社員も含む）の総人件費の管理について定める。
2　この規程において、人件費の範囲は、次のとおりとする。
　⑴　月例給与（基本給、諸手当）
　⑵　時間外勤務手当（休日勤務手当を含む）
　⑶　賞与（夏季賞与、年末賞与）
　⑷　福利厚生費（法定福利厚生費、法定外福利厚生費）
　⑸　出張旅費（国内出張旅費、海外出張旅費）
　⑹　転勤旅費
　⑺　教育研修費
　⑻　安全衛生費
　⑼　退職金
　⑽　募集・採用費
　⑾　パートタイマー等の非正社員の給与費
　⑿　その他諸雑費
3　次のものは、人件費には含めないものとする。
　⑴　役員報酬
　⑵　役員賞与
　⑶　役員退職慰労金
　⑷　その他役員にかかわるもの
（管理年度）
第2条　総人件費の管理年度は、4月1日から翌年3月31日までの1年とする。
（管理責任者）
第3条　総人件費の管理責任者は、人事部長とする。
2　人事部長を欠くとき、または事故あるときは、次の者が次の順序で管理責任者となる。
　⑴　人事部次長
　⑵　人事課長
（人事部長の責務）
第4条　人事部長は、総人件費が次の事項に見合った適正なものとするために努めなければならない。
　⑴　総人員

(2) 売上高（生産性）
(3) 利益（粗利益、営業利益）
（総人件費予算の作成）
第5条　人事部長は、毎年度、総人件費予算を作成し、社長の承認を得なければならない。
2　総人件費予算は、次のものを踏まえて作成しなければならない。
　(1) 経済情勢、景気の動向
　(2) 当年度の経営方針
　(3) 当年度の経営計画
　(4) 前年度の総人件費の実績
　(5) 労働基準法その他の法令の定め
　(6) その他必要事項
3　総人件費予算の作成に当たっては、関係各部門の長と十分協議しなければならない。
（総人件費予算の執行）
第6条　人事部長は、総人件費予算が社長によって承認されたときは、次の事項を誠実に遵守してこれを適正に執行しなければならない。
　(1) 金銭出納規程その他の経理諸規程
　(2) 業務分掌
　(3) 職務権限規程
　(4) 関係法令
（流用の禁止）
第7条　人事部長は、総人件費予算について、次に掲げることをしてはならない。
　(1) 人事労務管理以外の目的のために流用すること
　(2) 総人件費予算以外の予算を人事労務管理の目的のために流用すること
（支出の記録）
第8条　人事部長は、総人件費を支出したときは、その都度、次の事項を記録しておかなければならない。
　(1) 支出先
　(2) 支出目的
　(3) 支出金額
　(4) 支出年月日
　(5) その他必要事項
（総人件費予算の月間支出計画）
第9条　人事部長は、毎月10日までに翌月の総人件費支出計画を作成し、これを社長に提出してその承認を得なければならない。

2　総人件費支出計画は、関係各部門の長と十分協議して作成しなければならない。
（人件費予算の執行権限の委譲）
第10条　人事部長は、業務上必要であると認めるときは、総人件費予算の執行権限の一部を関係部門の長に委譲することができる。
2　前項の定めるところにより総人件費予算の執行権限を委譲された者は、委譲された範囲において権限を執行するとともに、その執行状況および結果を人事部長に適宜適切に報告しなければならない。
（執行状況および執行結果の報告請求）
第11条　人事部長は、総人件費予算の執行権限の一部を関係部門の長に委譲したときは、委譲した者に対して執行状況および結果についての報告を求めることができる。
2　前項の定めるところにより人事部長から報告を求められた者は、正確に報告しなければならない。
（予算の執行状況の報告）
第12条　人事部長は、毎月10日までに、総人件費の前月末日までの支出の累計額を取りまとめ、社長に報告しなければならない。
（関係文書・データの保存）
第13条　人事部長は、総人件費予算の執行に関する文書およびデータを、文書・データ保存規程に定める期間保存しておかなければならない。
（総人件費予算の修正）
第14条　人事部長は、総人件費予算を修正する必要があると認めるときは、社長に次の事項を申し出てその承認を得なければならない。
　(1)　修正を必要とする理由
　(2)　修正の内容
　(3)　修正の実施日
　(4)　その他必要事項
（業績不振時の対応）
第15条　人事部長は、経営環境の変化により業績不振に陥ったときは、昇給の抑制または停止、諸手当の支給制限、賞与支給の抑制または停止その他の総人件費抑制措置を講じなければならない。
2　前号に定める措置を講じるときは、その内容について、あらかじめ社長の承認を得なければならない。
（決算報告）
第16条　人事部長は、総人件費管理年度が終了したときは、遅滞なく総人件費予算の決算を行い、その結果を社長に報告しなければならない。

第12章　総人件費の管理方法

2　決算と予算との間に差異が生じたときは、その原因を分析し、その結果を報告しなければならない。

（調査研究）

第17条　人事部長は、次の事項の調査研究に努めなければならない。

(1)　適正総人件費の算定に関すること
(2)　総人件費予算の適正な執行に関すること
(3)　その他総人件費に関すること

（付則）

　この規程は、〇〇年〇〇月〇〇日から施行する。

(様式1) 総人件費予算承認願

〇〇年〇〇月〇〇日

取締役社長殿

人事部長

〇〇年度総人件費予算について（伺い）

1　人員

項目	計画	前年度実績	前年度比	備考
期首人員				
採用者数				
退職者数				
期中平均人員				
期末人員				
非正社員数				

2　人件費

項目	予算	前年度実績	前年度比	備考
1　月例給与				
①基本給				
②諸手当				
計				
2　時間外勤務手当				
3　賞与				
①夏季賞与				
②年末賞与				
計				
4　福利厚生費				
①法定福利厚生費				
②法定外福利厚生費				
計				

5	出張旅費				
6	転勤旅費				
7	教育研修費				
8	安全衛生費				
9	退職金費				
10	募集・採用費				
11	非正社員給与費				
12	その他				
	合計				

付表　部門別人員・月例給与費予算表

部門	人員	前年度比	月例給与費	前年度比	備考

（注）人員は、期中平均人員

以上

(様式2)総人件費予算月間支出計画承認願

○○年○○月○○日

取締役社長殿

人事部長

総人件費予算の月間支出計画について(○○年○○月)(伺い)

項目	支出予定額	前月支出額	前月比	備考
1 月例給与				
①基本給				
②諸手当				
計				
2 時間外勤務手当				
3 賞与				
①夏季賞与				
②年末賞与				
計				
4 福利厚生費				
①法定福利厚生費				
②法定外福利厚生費				
計				
5 出張旅費				
6 転勤旅費				
7 教育研修費				
8 安全衛生費				
9 退職金費				
10 募集・採用費				
11 非正社員給与費				
12 その他				
合計				

以上

(様式3) 総人件費予算の執行状況報告

〇〇年〇〇月〇〇日

取締役社長殿

人事部長

総人件費予算の執行状況について(〇〇年〇〇月)(報告)

項目	当月までの支出累計額(A)	予算(B)	執行率(A／B)	備考
1　月例給与				
①基本給				
②諸手当				
計				
2　時間外勤務手当				
3　賞与				
①夏季賞与				
②年末賞与				
計				
4　福利厚生費				
①法定福利厚生費				
②法定外福利厚生費				
計				
5　出張旅費				
6　転勤旅費				
7　教育研修費				
8　安全衛生費				
9　退職金費				
10　募集・採用費				
11　非正社員給与費				

12 その他				
合計				

以上

(様式4) 総人件費予算の修正承認願

〇〇年〇〇月〇〇日

取締役社長殿

人事部長

〇〇年度総人件費予算の修正について(伺い)

1 修正の内容と理由

項目	修正予算	当初予算	当初予算比	修正理由
合計				

2 修正年月日
　〇〇年〇〇月〇〇日付

以上

(様式5) 総人件費予算の決算報告

〇〇年〇〇月〇〇日

取締役社長殿

人事部長

〇〇年度総人件費予算の決算について（報告）

1　人員

項目	実績	計画	計画比	備考
期首人員				
採用者数				
退職者数				
期中平均人員				
期末人員				
非正社員数				

2　人件費

項目	決算	予算	予算比	備考
1　月例給与				
①基本給				
②諸手当				
計				
2　時間外勤務手当				
3　賞与				
①夏季賞与				
②年末賞与				
計				
4　福利厚生費				
①法定福利厚生費				
②法定外福利厚生費				
計				

5	出張旅費			
6	転勤旅費			
7	教育研修費			
8	安全衛生費			
9	退職金費			
10	募集・採用費			
11	非正社員給与費			
12	その他			
	合計			

付表1　総人件費と総人員との対比

	総人件費（A）	総人件費の対前年度比	総人員（B）	総人員の対前年度比	1人当たり人件費（A／B）	1人当たり人件費の対前年度比
2011						
2012						
2013						
2014						
2015						
当年度						

付表2　総人件費と売上・利益との対比

	総人件費（A）	売上高（B）	総人件費の売上高比（A／B）	粗利益（C）	総人件費の粗利益比（A／C）	営業利益（D）	総人件費の営業利益比（A／D）
2011							

第12章　総人件費の管理方法

2012							
2013							
2014							
2015							
当年度							

以上

【著者紹介】

荻原　勝（おぎはら　まさる）
東京大学経済学部卒業。人材開発研究会代表。経営コンサルタント

〔著書〕
『賞与の決め方・運用の仕方』、『諸手当の決め方・運用の仕方』、『多様化する給与制度実例集』、『給与・賞与・退職金規程』、『役員・執行役員の報酬・賞与・退職金』、『新卒・中途採用規程とつくり方』、『失敗しない！新卒採用実務マニュアル』、『節電対策規程とつくり方』、『法令違反防止の内部統制規程とつくり方』、『経営管理規程とつくり方』、『経営危機対策人事規程マニュアル』、『ビジネストラブル対策規程マニュアル』、『社内諸規程のつくり方』、『執行役員規程と作り方』、『執行役員制度の設計と運用』、『個人情報管理規程と作り方』、『役員報酬・賞与・退職慰労金』、『取締役・監査役・会計参与規程のつくり方』、『人事考課表・自己評価表とつくり方』、『出向・転籍・派遣規程とつくり方』、『IT時代の就業規則の作り方』、『福利厚生規程・様式とつくり方』、『すぐ使える育児・介護規程のつくり方』（以上、経営書院）など多数。

現住所：〒251-0027　藤沢市鵠沼桜が岡3-5-13
ＴＥＬ：0466（25）5041
ＦＡＸ：0466（25）9787

人件費の決め方・運用の仕方

2016年8月13日　第1版第1刷発行

著　者　荻原　　勝
発行者　平　　盛之

発行所　㈱産労総合研究所
出版部　経 営 書 院

〒112-0011
東京都文京区千石4-17-10　産労文京ビル
電話　03(5319)3620　振替　00180-0-11361

落丁・乱丁はお取替えいたします　　　　　　印刷・製本　勝美印刷
ISBN 978-4-86326-220-1